LA

PESTE ROUGE

OU LES

SATURNALES RÉVOLUTIONNAIRES.

LA
PESTE ROUGE

OU LES

SATURNALES RÉVOLUTIONNNAIRES.

PAR

ROMULLE.

L'avenir est dans le passé.

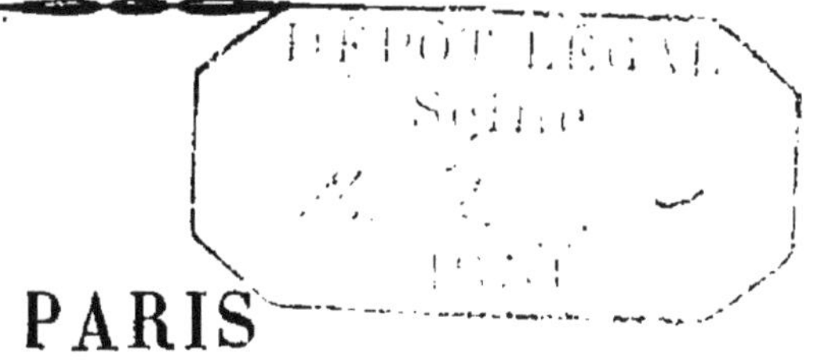

PARIS

<table>
<tr><td>H. DUMINERAY, ÉDITEUR,
52, rue Richelieu.</td><td>JEANNE, ÉDITEUR,
Passage Choiseul.</td></tr>
</table>

1851.

UN MOT

SUR LA SITUATION.

PRÉFACE.

Nous sommes dans un siècle de matérialisme où le peu qui nous reste de vertus patriarcales s'en va lambeau par lambeau.

Nous sommes les esclaves de nos passions, que nous ne nous donnons même plus la peine de cacher.

Nous objectera-t-on qu'autrefois le vice courait les rues couvert de soie, d'or et de fleurs? — Je l'aime mieux ainsi qu'étalé sans pudeur à la vue de tous.

Le *progrès*, — mot de passe dont se servent les méchants pour semer dans l'âme du *pauvre* des ferments de haine contre le *riche* — le progrès, — telle est l'origine de la corruption dans laquelle nous sommes plongés.

Les défenseurs du progrès nous diront que si on avançait à pas lents, raisonnés et sans secousse, la société n'en serait que mieux moralisée et les hommes plus vertueux ; partant, que le progrès, loin d'être un mal, est un bien précieux.

1.

Je suis parfaitement de cet avis ; mais, comme nous ne marcherons dans cette voie que quand nous nous serons débarrassés des envieux, des ambitieux, des mécontents, enfin de tous ces misérables qui ne reculent devant aucun moyen pour obtenir l'objet de leur convoitise, — je dis et je répète que le progrès tel qu'on nous le fait *subir* depuis soixante ans, renferme en soi la cause de la gangrène morale qui ronge la société.

Autrefois, — chacun se contentait tranquillement de ce qu'il possédait ou gagnait, et vivait à sa mode sans se préoccuper du voisin.

Aujourd'hui, — par suite des doctrines *fraternelles* répandues à profusion dans le peuple, chacun a l'œil sur la bourse de son prochain, et, au premier signal, on profitera de ces deux préceptes, assurément plus *socialistes* que *sociaux* : *La raison du plus fort..*; et *la propriété, c'est le vol.*

Aussi, — la peur gagne... l'égoïsme s'introduit partout ; l'argent s'entasse dans la prévision d'une catastrophe prochaine ; l'ouvrier ne travaille pas, et la faim, la faim, mauvaise conseillère, le pousse au vagabondage, au vol, à pis souvent... Le commerçant fait faillite, — ruine quantité de familles qu'il réduit à la mendicité ; de plus, le pauvre, stimulé par ces esprits infernaux qui veulent bouleverser le monde, pénètre jusque dans l'intérieur des habitations de *quelques* mauvais riches ; il observe leurs travers, leurs erreurs, leurs vices, et les copie avec toute la brutalité que lui donne son manque d'éducation... Que pourrait-on lui dire pour l'éclairer ? — Rien ; il ne voudrait pas comprendre, il ne comprendrait même pas. — On lui a montré *un* riche vicieux , — il les a *tous* jugés par ce funeste échantillon, et il se demande pourquoi lui qui souffre, lui qui n'a pas d'éducation, serait vertueux alors que ceux qui ont l'or et l'instruction en partage ne s'en servent que pour le mal... Et ces idées se répandent, — faisant de nombreux prosélytes... Le vice est plus facile et plus commode à pratiquer que la vertu... et le pauvre se démoralise, et le riche se décourage, et l'égoïsme gagne toujours du terrain... et la société se perd...

Malheur ! malheur !

Supposez Louis XVI ayant achevé tranquillement son règne ainsi qu'il l'avait commencé ;

Supposez ses héritiers lui succéder sans conteste à la couronne ;

Supposez au peuple français plus de respect pour la loi , — plus de stabilité dans les idées , — plus d'amour pour ses chefs ;

Et, je vous le demande, — aujourd'hui, en serions-nous à trembler les uns devant les autres et à attendre un signal pour nous ruer parents contre parents, amis contre amis, citoyens contre citoyens ?

Non !

Mais , direz-vous encore, nous n'aurions pas tant de libertés.

Nous en aurions plus, — car nous ne les aurions pas

obtenues violemment, et personne ne tenterait de nous les ravir.

Liberté !

Eh ! mon Dieu ! soyons francs ! — Dans ce moment de péril et de crise, — qui donc pense à la liberté ?

Est-ce nous, Blancs ?

Est-ce vous, Rouges ?

Nous, — vous nous auriez appris à la maudire, si nous ne savions qu'en votre bouche tout est mensonge, et que, sous le voile de la vertu, c'est le vice que vous préco_nisez.

Vous, — vous proclamez la liberté, et vous pratiquez la licence ; — vous parlez au nom de l'Évangile, et vous ne croyez pas en Dieu ; — vous voulez le droit au travail, et vous ruinez la propriété, fruit du travail ; — vous vous dites les vrais défenseurs de la famille, et vous enseignez au fils à ne plus respecter son père, et vous êtes tantôt adamistes, saint-simoniens, fouriéristes, communistes, que sais-je?... Vous parlez de liberté, et le plus innocent de vos actes est un immense attentat contre la liberté.

Vous ne rêvez le pouvoir que pour vous gorger de sang et d'or.

Arrière donc les mots d'apparat et qui ne sont que des masques.

Il est temps de jouer cartes sur table.

Oui, Rouges, sous prétexte de *progrès*, vous nous poussez vers un abîme. — La société, les mœurs, tout s'en va !... La France elle-même, si grande sous nos monarques, n'est déjà plus que l'ombre d'elle-même, et on peut, dans les grands conseils, dans les congrès politiques, l'oublier, la méconnaître, la repousser en vain, elle qui a imposé son pavillon et sa volonté à toutes les cours de l'Europe....

Attendrons-nous donc que ces étrangers, qui déjà nous outragent, viennent se partager nos morceaux, comme ils l'ont fait de la Pologne?

Quel vertige est le nôtre ! — Nous avons des lois toutes prêtes pour punir un malheureux que *la misère* conduit à voler *un pain*, — et nous avons parmi nous une foule de bandits qui hurlent autour de nos demeures en nous menaçant de *la mort* et *du pillage*... et nous ne les châtions pas!...

Qu'attendons-nous ? — Faudra-t-il, pour que nous sortions de notre apathie, que nos maisons soient forcées et que le drapeau du socialisme, rougi dans le sang de nos victimes, soit promené en triomphe par la ville ?...

La patrie, la société, sont en danger !...

Arrière l'égoïsme, arrière l'indifférence, arrière la peur !

De l'union, du courage et de l'énergie !

Nous sommes la majorité ! — la majorité, entendez-vous bien, c'est-à-dire la volonté à laquelle le pays *tout entier* doit se soumettre.

Pour pouvoir, nous n'avons donc qu'à vouloir.

Ils ne le croient pas.

Prouvons-le une bonne fois.

Ils s'organisent pour le mal, — organisons-nous pour le bien.

Ils veulent détruire, — conservons !

Ils crient contre la religion, la famille, la propriété ; — livrons-leur bataille au nom de la religion, de la famille et de la propriété ; — n'agitons qu'un seul drapeau : le *drapeau de la France* (1), et la victoire nous restera.

Mais hâtons-nous, — car l'audace et la force de nos ennemis croît en raison directe de nos dissentiments, de notre inertie et de notre incroyable longanimité.

Hâtons-nous ! — Aujourd'hui, il en est temps encore : demain, il serait trop tard !

Paris, 1ᵉʳ juillet 1851.

ROMULLE.

(1) Quelques amis bienveillants m'ont dit :

« On vous demandera ce que vous entendez par le drapeau de la France. Est-ce le drapeau de la *légitimité* ? est-ce le drapeau de l'*Empire* ? Est-ce le drapeau d'*Orléans* ? est-ce le drapeau d'*un homme* ? est-ce le drapeau d'*un parti* ? »

Ni l'un, ni l'autre. — Par *drapeau de la France*, j'entends le *drapeau anti-révolutionnaire*.   R.

PREMIÈRE PARTIE.

LA

MORALE ROUGE EN ACTION.

I.

Je les connaissais...

Je les connaissais, cés héros des mauvais jours. J'avais
été bercé au récit de leurs méfaits ; mais, — je les croyais
morts et je les avais oubliés.

Ils sont revenus.

J'ai voulu les voir de mes yeux pour les combattre avec
conscience et vérité.

L'histoire à la main, je les ai suivis pas à pas ; — je les
ai touchés, sondés, compris. — J'ai été convaincu. Cela
ne me suffisait pas ; j'entendais convaincre les autres, et
ma voix, sans autorité, devait être méconnue ; il me fallait des preuves, des preuves *flagrantes*, des preuves *irré-
cusables*.

J'en ai.

Je suis allé les chercher dans la vie publique, dans la vie privée de ces hommes.

Leurs actes, leurs écrits ; leurs actes *officiels connus*, leurs écrits *authentiques, signés,* voilà mes armes, voilà mes preuves.

Et qui pourra suspecter ma bonne foi quand je m'appuierai sur des dates faciles à vérifier, et quand j'aurai dit que j'ai puisé mes plus précieux documents dans les ouvrages d'un républicain *non entaché de royalisme,* du citoyen PRUDHOMME, *membre de la Convention.*

Dans ces actes, dans ces écrits, j'ai trouvé de la flagornerie et de la bassesse, une ambition monstrueuse, un orgueil incroyable, un égoïsme désordonné, une avidité insatiable, l'envie la plus haineuse...

J'y ai trouvé des crimes sans nombre...; de vertus, — point.

Assassinats juridiques, fusillades, mitraillades, massacres, noyades. incendies, vols, pillages, dilapidations, démolitions, — rien n'y manque... *Pas un jour* de l'année ne s'est écoulé sans avoir été souillé par un forfait, et c'est ce que je me suis attaché à constater par mon calendrier.

Pour mériter la mort ,

Il suffisait d'être *prêtre, noble, riche,* ou d'avoir du *génie.*

Il suffisait d'être *contre-révolutionnaire,* c'est-à-dire de donner à penser au gouvernement rouge , par un geste ou par un mot, qu'on n'approuvait pas les crimes qu'il commettait à chaque heure *au nom de la Liberté et de la Fraternité.*

Il suffisait d'être *conspirateur*... Or, les chefs du pouvoir *inventaient* les conspirations pour se procurer des victimes (1)...

Il suffisait d'être *brigand de la Vendée,* c'est-à-dire de défendre pied à pied, contre l'envahissement des Barbares, le seul coin de la France où l'on croyait encore, où l'on était resté fidèle à *Dieu,* au *roi,* au *pays,* à la *vertu.*

Il suffisait d'avoir été *persécuteur des patriotes,* c'est-à-dire, *avant l'existence* de la République, d'avoir obéi aux ordres du roi et de l'autorité, et d'avoir poursuivi ou emprisonné quelques scélérats qui préludaient par le désordre et l'émeute au règne de la terreur.

Il suffisait d'avoir un parent *émigré.*

Il suffisait de recevoir des lettres de l'étranger ou de conserver chez soi des lettres d'*amis,* de *parents,* datées de la monarchie, mais ayant une *adresse nobiliaire.*

Il suffisait d'avoir en son domicile du *linge,* de l'*argenterie* ou des *meubles* ARMORIÉS : ces objets devaient être détruits ou livrés en *dons patriotiques* aux despotes de la Convention.

Il suffisait de donner *sa signature pour l'ouverture des églises,* ou *d'entendre la messe,* ou de *pratiquer un acte quelconque de notre religion.*

Il suffisait de *cacher de malheureux prêtres,* traqués comme des bêtes fauves parce qu'ils ne voulaient pas renier leur Dieu :

(1) Voir la *Confession de la Convention nationale, par* PRUD-HOMME, chap. X , 1re partie de ce livre.

Il suffisait de faire des ventes ou achats en *numéraire*.

Il suffisait d'*une dénonciation vraie ou fausse*, pourvu qu'elle émanât de la *saine* partie de la nation. La saine partie de la nation, c'était les braves *sans-culottes* les hommes du *Ça ira* et de la *Carmagnole*; les *Septembriseurs*, bref les *rouges de tous les étages*... En eux seuls les comités de salut public et de sûreté générale avaient confiance, et cette confiance naissait d'une estime réciproque, car les uns et les autres faisaient la même besogne, celui-ci avec sa hache, celui-là avec sa plume.

On le voit, tout ce qu'il y avait d'honnêtes gens en France se trouvait enserré dans l'impitoyable logique des parvenus de la République, auxquels tout portait ombrage, et qui n'avaient qu'un argument sérieux, qu'un point d'appui, qu'une raison d'être..., *l'échafaud !*

« Le nombre des victimes fut si considérable que les ha» bitants des campagnes, le long des rives du *Rhône* et de » la *Loire*, vinrent observer aux autorités constituées de » Lyon et de Nantes que la quantité des cadavres qui se » trouvaient accumulés par l'effet des vagues sur les bords » des fleuves *infectaient l'air* et faisaient *craindre la* » *peste* (1). »

Ce qu'il y a de plus remarquable, c'est que ces mille maux sont venus fondre en plus grand nombre et avec plus

____

(1) Prudhomme, député à la Convention,—*Dictionnaire des crimes de la révolution*, vol. 1er.

de *rigueur* sur le *peuple* proprement dit que sur les autres classes de citoyens.

Le *nivellement des classes*, tel était le but avoué et apparent ; la *dépopulation générale,* tel était le but réel et caché de ces prêcheurs d'Égalité et de Fraternité.

Voilà ce que je veux apprendre au peuple pour le prémunir et le mettre en garde contre les habiles qui cherchent encore à l'exploiter avec la même friperie de formules et de prétextes.

Car ils reviennent, — ils sont revenus !

Les révolutionnaires modernes ne sont que la servile et basse copie de ces apôtres de carnage et de misère.

II.

Au Peuple, aux Soldats.

Peuple, — soldats ,

Pour excuser ou atténuer les forfaits que je vais mettre sous vos yeux et que personne ne pourra et ne cherchera même à nier ,

On vous dira :

La patrie était en danger !

La République, troublée à l'intérieur par les menées des aristocrates, était menacée d'une invasion de l'Europe entière !

Le salut du pays réclamait des mesures énergiques.

Sans doute, tout ce qui a été fait par la Convention et ses agents n'était peut-être pas de la plus scrupuleuse justice, mais tout cela était nécessaire *à la sécurité et au bonheur de la France.*

Au lieu de les maudire, bénissez la Convention et ses agents.

Peuple ! soldats !

A qui fera-t on croire que la *destruction des villes,* que l'*incendie des villages,* que la *démolition des monuments,* étaient nécessaires *à la sécurité et au bonheur de la France ?*

A qui fera-t-on croire que l'*assassinat* de *femmes,* d'*enfants,* de *vieillards,* était nécessaire *à la sécurité et au bonheur de la France ?*

A qui fera-t-on croire que les *vols* et le *pillage,* que les *tortures* et les *noyades* étaient nécessaires *à la sécurité et au bonheur de la France ?*

A qui fera-t-on croire que la *mort de nos plus illustres capitaines* était nécessaire *à la sécurité et au bonheur de la France ?...*

Était-ce donc pour *sauver la France de l'invasion et rendre l'armée plus forte* qu'on citait à la barre de la Convention les généraux HOUCHARD, BIRON, BEAUHARNAIS, CUSTINE, LUCKNER, et tant d'autres héros qui ne comparaissaient devant ce tribunal de sang que pour être *traînés à l'échafaud*, le front encore ceint des lauriers de la victoire ?

Était-ce donc pour *sauver la France de l'invasion et protéger nos colonies* qu'on *brisait les cadres de notre marine*, qui venait de donner l'indépendance au Nouveau-Monde, et qu'un *brevet de marin*, en passant par les mains de la Convention, *devenait un arrêt de mort ?*

A qui fera-t-on croire d'aussi barbares mensonges?

Non, peuple ! non, soldats !

Je le dis et le répète, — les véritables sentiments des conventionnels et de leurs acolytes *étaient l'ambition l'orgueil, l'égoïsme, l'envie.* — Et ces sentiments devaient être bien connus de leurs concitoyens, pour que le général de Grammont, un des plus vaillants officiers de l'armée du Rhin, blessé mortellement aux lignes de Wiessembourg, ait fait entendre en tombant, ces paroles accusatrices, recueillies par l'histoire : *« Je puis enfin enfant rentrer dans*

2.

» *mes foyers : ils ne guillotineront pas un cadavre...* » (1)

Non ! — ils ne trouveront pas d'excuses à leurs crimes.

Et vous leur conserverez, peuple et soldats, et la postérité leur conservera l'*épithète d'assassins juridiques* que leur ont infligée leurs contemporains.

(1) Ces paroles sont de la plus rigoureuse exactitude, et l'honorable général de Grammont, membre de l'Assemblée législative, fils de ce glorieux officier, ne me démentira pas.　　　(*Note de l'auteur.*)

III.

Des Faits.

« La postérité croira-t-elle que la France, que le pre-
» mier peuple de l'univers, ait eu *un sénat qui, pendant*
» *trois ans, sanctionnait tous les forfaits;* un sénat qui,
» pendant dix-huit mois, vit froidement chaque jour des
» charretées de victimes rouler vers l'échafaud? Croira-
» t-elle qu'il fut sourd à tous les cris de l'innocence; que
» quelques-uns de ces sénateurs allaient de préférence
» dîner vers le lieu des supplices; que le dégoûtant aspect
» des tueries révolutionnaires était le préliminaire des
» plaisirs de la table; que la chute du couperet assassin
» était le signal de l'ouverture des orgies; qu'il en fut de·
» ces *Pères conscrits* qui virent *leurs frères* entre les
» mains des bourreaux et ne firent *pas une démarche*
» pour les sauver: d'autres qui se signalèrent *en dénon-*
» *çant* le leur; d'*autres enfin, qui les livrèrent eux-mêmes*
» *à la mort?...*

» Croira-t-elle, la postérité, à ces proconsuls, à ces
» anges de mort que le Tartare sénatorial vomissait sur la
» France? *Voler, violer, guillotiner, noyer, égorger, fu-*
» *siller, mitrailler, démolir...* TELLE ÉTAIT LEUR MISSION.

» *La destruction de l'espèce humaine n'assouvissait pas*
» *leur rage; les hommes disparus, ils s'en prenaient aux*
» *monuments; les villes disparaissaient sous la hache; les*
» *flammes effaçaient les cités...* O postérité, tu refuseras
» de le croire ! »

Écoute donc et frémis ! (1)

« Il en fut de ces proconsuls, et tu connaîtras leurs
» noms dans l'histoire que nous te laisserons ; ton œil
» étonné y trouvera les pièces, les témoignages authen-
» tiques des faits que nous ne faisons qu'indiquer ici ; il
» en fut de ces proconsuls qui tuèrent de *leurs propres*
» *mains* des prisonniers qui se permettaient quelques
» réclamations.

» Il en fut qui firent *exposer sur les places publiques*
» des femmes, pour s'être attendries sur le sort de leurs
» époux, indignement massacrés.

» Il en fut qui menacèrent du supplice, des officiers de
» santé, pour *avoir donné les secours de leur art à de*
» *malheureux détenus.*

» D'autres faisaient traduire des citoyens devant les tri-
» bunaux ou commissions populaires, et disaient aux ju-
» ges : *Condamnez les, ou l'échafaud vous attend.*

» Trois juges et un juré du tribunal révolutionnaire de
» Paris, de la première organisation, *furent incarcérés*
» *pour avoir voulu acquitter des accusés.*

» D'autres, avant qu'on procédât au jugement, se fai-
» saient apporter les actes d'accusation, et *mettaient en*
» *réquisition des hommes, pour déposer contre ceux*
» *qu'ils voulaient perdre.*

» D'autres *arrêtaient eux-mêmes dans les rues les*

(1) *Voir* Prudhomme, membre de la Convention, — *Dictionnaire*
des crimes de la révolution, vol. Ier, préface.

» *hommes et les femmes qui leur déplaisaient,* se ren-
» daient au tribunal, y prenaient place, et *forçaient les*
» *juges à prononcer leur sentence.*

» Un autre écrivait aux autorités du département de la
» Somme, où il était en mission, ainsi qu'au comité de
» sûreté générale de la Convention : « *J'ai tendu mon large*
» *filet pour prendre tout mon gibier de guillotine*; *je*
» *viens d'en faire enlever* QUARANTE-QUATRE *char·etées.* »

» Ce proconsul *décernait des mandats d'arrêt contre*
» *des jeunes femmes ou des filles,* et les *gardait dans son*
» *appartement.*

» D'autres se plaçaient aux fenêtres, en face de l'é-
» chafaud, *faisaient démolir les édifices* qui pouvaient
» leur en dérober la vue, et là, savouraient à loisir l'hor-
» rible volupté de voir ruisseler le sang.

» Une femme osa demander à un de ces monstres la li-
» berté de son mari : « *Demain,* lui répondit-il, *tu verras*
» *sa tête d'un côté et son corps de l'autre.* » Il tint parole.

» Des fonctionnaires lui demandent un acte de justice :
« *L'échafaud est là*, s'écria-t-il ; *vous y monterez!* » Ils y
» montèrent.

» Un autre obligea une femme qui sollicitait la liberté
» de son mari, de lui accorder quelques faveurs. L'amitié
» qu'elle avait pour son mari la détermina à faire le sacri-
» fice de son honneur; elle alla de suite dans la maison d'ar-
» rêt lui annoncer sa liberté : et, quelques jours après, *ce*
» *proconsul fit guillo iner le mari, et même sa femme.*

» Un autre voit une fille en pleurs implorer, à ses pieds,

» la suspension du jugement de son père : les larmes, les
» prières sont vaines; le proconsul la repousse, déchire la
» pétition. La douleur l'égare ; il lui échappe quelques ex-
» pressions ; il la fait arrêter et traduire au tribunal révo-
» lutionnaire de Paris. *Elle était grosse de sept mois.*

» Un autre, à l'issue d'une orgie, veut un spectacle; les
» juges étaient du festin. On tire des cachots quatre prêtres
» et quatre religieuses : ils *paraissent;* on *les condamne ;*
» ils *périssent...* et l'on *se remet à table.*

» Un autre parodiait le mot de Titus. « *La liberté,* di-
» sait-il, *a perdu un jour; l'on n'a pas guillotiné.* »

» Un autre fait *arrêter, traduire* et *guillotiner un vieil-*
» *lard, père de douze enfants, sous prétexte qu'en 1791 il*
» *avait cumulé les fonctions de maire et de juge de paix...*
» Le véritable motif était un ancien ressentiment personnel.

« *Il n'y a pas assez de blé en France pour toute la po-*
» *pulation,* disait un autre ; *il faut en sacrifier la moitié*
» *pour nourrir le reste. Ce sont surtout les femmes qu'il*
» *faut détruire* ; LES B......... ENGENDRERAIENT TROP. »

» Un autre *fit incendier des communes entières et guil-*
» *lotiner une partie des habitants.*

» Ceux-ci se faisaient escorter par des canons, *levaient*
» *des contributions pour payer les débauches qu'ils fai-*
» *saient avec leurs gardes prétoriennes, et n'accordaient*
» *que deux heures pour fournir la somme demandée.*

» Ceux-là s'emparaient des plus beaux hôtels dans les
» villes où ils séjournaient, affectaient le faste et la mollesse
» des rois , et, *tandis que le peuple inondait les cours de*

» *leurs palais pour attendre leur présence et du pain*, cou-
» chés nonchalamment sur des sofas, dans le fond de leurs
» sérails, ils s'occupaient gravement du soin important de
» *se faire peindre*. Le fait s'est passé à Bordeaux.

» D'autres *mettaient en réquisition les meilleurs vins*, et
» *défendaient expressément à tous les citoyens de rien*
» *acheter au marché avant que l'on eût enlevé ce qui était*
» *nécessaire pour leur table et celle de l'état-major de l'ar-*
» *mée révolutionnaire qui les accompagnait.*

» D'autres chargeaient des communes entières sur des
» charrettes, depuis le bisaïeul jusqu'à l'enfant au berceau,
» et les envoyaient à la boucherie du tribunal révolution-
» naire de Paris. « *Brave républicain,* criaient-ils à Fou-
» quier-Tinville, *brave républicain !* (les scélérats !) (1)
» *brave républicain, je t'envoie du gibier de guillotine,*
» *qui bientôt, je l'espère, éternuera dans le sac. Courage,*
» *soutiens ton énergie ; nous ne t'en laisserons pas man-*
» *quer.* »

» Il en est un qui se distingua par un fait plus atroce en-
» core, s'il est possible. Le prétexte fut qu'ils n'avaient pas
» payé leur don civique. Il fait arrêter un nombre de culti-
» vateurs ; leurs malheureuses épouses vont aux pieds du
» proconsul solliciter la liberté de leurs maris. « *Qu'ils*
» *paient,* répondit-il, *la somme qu'ils doivent ; ils seront*
» *libres. — Mais comment faire ? nous sommes pauvres,*
» *nous ne pouvons. Empruntez, faites comme vous vou-*

(1) PRUDHOMME. — *Dict. des crimes de la révolution.*

» *drez*; *mais point de liberté, si l'on ne m'apporte ce*
» *que je vous demande.* »

» Elles sortent. Enfin, au bout de quelques jours, après
» avoir épuisé toutes leurs ressources, elles apportent la
» somme. « *Allez*, leur dit-il, *dans trois jours vous verrez*
» *vos maris.* » — Hélas ! quel est le premier objet qui
» frappe leurs regards ? Ce sont leurs époux que *l'on con-*
» *duit à l'échafaud.* Elles reviennent éplorées chez le ty-
» ran. — « *J'en suis fâché*, leur dit-il ; *il m'est survenu*
» *contre eux des dénonciations graves ; vous êtes bien*
» *heureuses vous-mêmes de ne pas partager leur sort.* »

» Le trait était trop fort ; il fut dénoncé au comité de salut
» public ; le proconsul fut mandé pour rendre compte de sa
» conduite. Un de ses amis lui témoignait quelque crainte.
« *Cette affaire*, répondit-il, *sera bientôt arrangée; je por-*
» *terai de l'argent au comité.* » Il avait raison ; un des
» membres déclara que la dénonciation était mal fondée,
» et le monstre fut continué dans sa mission.

» Celui-ci écrivait un jour au comité de salut public
» pour se plaindre de ce que la loi sur les tribunaux mili-
» taires *n'était pas propre à vider les prisons prompte-*
» *ment et que la guillotine perdait sa proie.*

» Un autre écrivait à son collègue : « *La guillotine conti-*
» *nue de rouler à toute force ; j'en ai fait expédier* 28
» *dans la commune. Elle va, primidi prochain, commen-*
» *cer ici ses exploits.* » Le collègue lui répondit : « *J'étais*
» *à dîner avec* ROBESPIERRE *quand j'ai reçu ta lettre; nous*
» *avons ri... Va ton train, ne t'inquiète de rien : la guil-*
» *lotine doit marcher plus que jamais.* »

» Un autre dit dans une société populaire: « *Le comité de*
» *salut public m'a reproché d'avoir été trop mou , trop*
» *modéré ; on va voir, on va voir, f....., si je ne suis pas*
» *à la hauteur.* »

» Des sans-culottes se plaignaient à un proconsul de ce
» qu'ils n'avaient pas d'ouvrage et de ce qu'ils étaient dans
» la plus grande misère. Ce scélérat de sénateur (JOSEPH
» LEBON) leur dit : « *Vous êtes des f... bêtes! Ne connaissez-*
» *vous pas quelques riches? Dénoncez-les-moi, je les ferai*
» *guillotiner et je vous donnerai leurs biens.* » L'un d'eux
» répondit : « *Représentant j'ai une femme et cinq enfants.*
» *je suis sans pain, eh bien ! j'aimerais mieux mourir moi*
» *et ma famille, que donner du pain à mes enfants à ce*
» *prix.* »

» Un maître de poste dit à un de ces proconsuls que les
» routes étaient très-mauvaises, qu'il avait beaucoup de peine
» à se procurer des chevaux ; il lui répondit : « *Adresse-toi*
» *aux représentants auprès des armées, c'est leur mission;*
» *la mienne est de faire couper des têtes.* »

» Le même écrivit à un administrateur de district : « *Du*
» *courage, de l'énergie; ne laissez en liberté aucun riche*
» *ni* AUCUN HOMME D'ESPRIT; » et il répondit à un gardien de
» prison qui lui demandait la permission de faire raser des
» prisonniers : « *Je leur ferai faire la barbe par le rasoir*
» *national.* » Il avait mis sur sa porte l'inscription suivante :
« *Ceux qui entreront ici pour solliciter l'élargissement*
» *des détenus n'en sortiront que pour être mis en arresta-*
» *tion.* »

» Ses agents lui observaient l'embarras de se défaire en
» détail des prisonniers qui se trouvaient en grande quantité,
» l'un d'eux dit : « *Eh ! f......, il n'y a qu'à leur f.... une*
» *gamelle de vert-de-gris...* — *Non*, répondit un autre;
» *il faut leur faire une soupe dans une grande chaudière*
» *de cuivre ; on y laissera comme par mégarde venir du*
» *vert-de-gris.* »

» Un autre agent écrivait : « *Je suis à présent grand sei-*
» *gneur ; je puis offrir à mes amis tous les jours en sortant*
» *de table un plat de têtes d'hommes.* »

» Un commandant d'un détachement de l'armée révolu-
» tionnaire, qui était aux ordres de ces proconsuls, avait
» transmis le mot d'ordre suivant : *Pillage, ralliement,*
» *horreur.*

» L'un des juges du tribunal de Cambrai vint un jour
» trouver ses collègues à la fin de la séance, et au moment où
» les condamnés se retiraient pour aller subir leur jugement,
» il leur dit d'un air triomphant: « *Eh bien ! ces individus*
» *sont condamnés, je n'avais cependant pas le moindre*
» *renseignement ni aucune pièce contre eux, autre que*
» *l'interrogatoire que je leur ai donné.* »

» Le même dit : « *Le district est composé de sacrés modé-*
» *rés ; les détenus ont l'esprit aigri..... On ne peut ra-*
» *mener ces sortes de gens à l'amour de la République ; il*
» *faut qu'ils pourrissent dans les prisons.* »

» Il dit aussi dans un lieu public à un citoyen qui avait
» été acquitté : « *Si cela avait dépendu de moi, ta tête*
» *serait tombée.* »

» Il refusa de faire doubler de cuir ou de fer-blanc le pa-
» nier qui recevait les cadavres des suppliciés, *pour se*
» *repaître du plaisir barbare de voir couler le sang.*

» Un de ces juges a trempé ses mains dans le sang des
» victimes en disant : « *Ah ! que c'est beau !* »

» Un autre écrivait à LEBAS, député : « *Un arrêté vigou-*
» *reux a fait claquemurer les femmes aristocrates dont*
» *les maris sont incarcérés, et les maris dont les femmes*
» *le sont. La guillotine depuis ce moment ne désempare*
» *pas. Les ducs, les marquis, les comtes et barons mâles*
» *et femelles tombent comme grêle..........* »

» Un perruquier juré dit, en parlant d'une famille dans la
» maison de laquelle il logeait : « *Aujourd hui toute la sa-*
» *crée séquelle y passera ; je suis leur dénonciateur.* »
» Quelqu'un lui observa : « *Mais tu restes chez eux.* » Il ré-
» pondit : « *Oui, je boirai encore leur vin, et je les ferai*
» *guillotiner après ; tu ne sais donc pas que je suis payé*
» *pour cela ?....* »

» Un huissier *forçait les détenus à boire de l'eau fétide*
» *d'un puits dans lequel filtraient des latrines, tandis*
» *qu'il y en avait un autre dont l'eau était saine.*

» Ce monstre chassa à coups de pied une mère qui atten-
» dait son enfant qu'elle avait conduit à son mari détenu, en
» disant : « *La révolution est un coup de foudre ; il faut*
» *frapper. Il y a dans cette commune une foule d'aristo-*
» *crates à raccourcir, et, pour accoutumer les habitants à*
» *ce spectacle, il faut qu'il tombe par jour cinquante têtes*
» *de scélérats.* »

» Un autre juré dit qu'il ne serait content que quand il
» aurait fait tomber pour sa part *douze cents têtes.*

» Un autre disait : « *Quiconque m'approche pour me par-*
» *ler d'aucune personne, je la fais f..... dedans. Il y aura*
» *au moins six cents têtes qui tomberont dans cette com-*
» *mune ; il est bien étonnant qu'on ne vienne pas nous les*
» *dénoncer ; nous sommes obligés d'être dénonciateurs,*
» *témoins et juges.* »

» Le même *fit guillotiner un marchand qui refusait de*
» *lui rendre à crédit; il insulta à la douleur des filles de*
» *sa victime en forçant l'une d'elles à danser avec lui.*

» Le même *commandait par ses menaces les faux témoi-*
» *gnages. Ce scélérat était intimement lié avec l'exécuteur*
» *criminel, qui lui donnait les habits, souliers, linge et au-*
» *tres dépouilles des guillotinés, toutes les fois qu'il en*
» *demandait.*

» Un membre du comité révolutionnaire *donna le conseil*
» *atroce de couper les prisonniers par morceaux, et de les*
» *jeter dans les commodités.*

» Un juge de paix, nommé par Lᴇʙᴏɴ, *proposa un jour*
» *publiquement à ses concitoyens d'abattre quatre têtes en*
» *présence de ce proconsul, qui allait venir présider la so-*
» *ciété populaire.*

» Cᴀʀᴏɴ, accusateur public du tribunal révolutionnaire
» d'Arras, tint ce discours au peuple dans un de ses réqui-
» sitoires : « *Les aristocrates triomphent quand la guillotine*
» *se repose seulement deux jours. Il y aura demain tel* «

» *tel que je connais, et un que je ne connais pas, en juge-*
» *ment ; j'invite les citoyens à venir faire leurs dénoncia-*
» *tions. A l'égard de ceux que je connais, quand ils se*
» *défendraient une journée entière, ils ne peuvent éviter*
» *la guillotine* »

» Le même tint un jour ce discours aux jurés: « *Citoyens,*
» *vous venez d'entendre les moyens de défense des accu-*
» *sés : ce sont des mensonges; ils sont tous conspirateurs.*
» *Vous êtes sûrement assez convaincus, et vous seriez*
» *des lâches si vous laissiez de pareils monstres sur la*
» *terre.* »

» Un juré, nommé MEINNÉ, *battit et voulut étrangler un*
» *autre juré parce qu'il n'avait pas, comme lui, voté la*
» *mort.*

» Un autre, qui votait indistinctement la mort de tous les
» accusés, dit *que si on lui demandait sa signature pour*
» *fusiller tous les détenus, il la donnerait, parce que c'était*
» *un tas de gueux.*

» Un membre de la fameuse SOCIÉTÉ DES JACOBINS de Paris
» disait *que la liberté ne vaudrait quelque chose en France*
» *que quand les journées de septembre y seraient en hon-*
» *neur.*

» Il y avait des sénateurs qui disaient : « *Cela n'ira bien*
» *que lorsqu'il y aura une guillotine par section.* »
» D'autres qui répondaient: « *Il en faut une dans chaque*
» *commune* » (ce qui aurait fait 44,000). Leurs affidés ré-
» pétaient ces propos dans les assemblées des sections, en

» ajoutant : « *Il ne faut pas laisser manquer de besogne le*
» *tribunal révolutionnaire. Pour sauver la patrie, il fau-*
» *drait que l'armée révolutionnaire parcourût les cam-*
» *pagnes avec une guillotine, et, à chaque porte de culti-*
» *vateur, s'informât s'ils sont riches, pour les guillotiner*
» *à leur porte comme conspirateurs.* »

· » *En faveur de la mémoire de mon père, accordez-moi*
» *la vie... je suis le fils de* BUFFON! » disait un malheureux
» condamné. — *Ta recommandation est par trop* BOUF-
» FONNE, s'écria l'un des juges en riant de son affreux jeu
» de mots ; et le fils du grand naturaliste mourut.

» LAVOISIER, condamné à mort, *implore un sursis de*
» *quelques jours pour achever une expérience.* — *La Répu-*
» *blique n'a pas besoin de savants,* » lui répond-on ; et *le*
» *sursis lui est impitoyablement refusé.*

» A Lyon, plusieurs centaines de condamnés se dirigeaient
» vers le champ funèbre des Brotteaux, où les attendaient
» les mitrailles de Collot d'Herbois. L'un des sicaires du
» proconsul marchait en serre-file auprès des tambours,
» lorsqu'il reçut en plein sur la tête le contenu parfumé
» d'un plat à barbe. *Il n'y a qu'un aristocrate qui puisse*
» *se servir aujourd'hui d'eau de Cologne pour sa toilette!*
» s'écrie-t-il ; *qu'on l'arrête à l'instant.* »

» Cinq minutes après, un malheureux jeune homme,
» *fort connu pour ses idées républicaines*, augmentait le
» nombre des suppliciés...

» Aux spectacles, fréquentés uniquement par les sans-
» culottes, on entonnait avant le lever du rideau la *Mar-*

» *seillaise*, dont le dernier couplet *était chanté à genoux*
» devant le public, *obligé lui-même de se prosterner* de-
» vant ce chant de guerre si tristement profané.

» Un acteur profitait d'un entr'acte pour venir annoncer
» aux spectateurs le nom des victimes qui avaient péri dans
» la journée sur l'échafaud. L'acteur terminait ce sanglant
» martyrologe par une chanson fort en vogue, dont voici le
» refrain, que le parterre était forcé de répéter en chœur:

Ils ont fait une oraison,
Ma gaingairaingon.
A sainte guillotinette;
Ils ont fait une oraison
Pour le citoyen Pluton. »

IV.

Des Dates.

CONVENTION NATIONALE.

Séance du samedi 13 juillet 1793.

Un secrétaire fait lecture des lettres et adresses.

Le Président. — Citoyens, des parents des citoyens d'Orléans condamnés par le tribunal révolutionnaire demandent à être introduits.

Plusieurs femmes éplorées, soutenues par un homme, dont tous les mouvements annoncent le plus violent désespoir, paraissent à la barre; on entend des cris : *Grâce! grâce!*

Un des pétitionnaires. — « Législateurs, c'est au nom » de l'humanité, c'est au nom de la justice que nous nous » présentons devant vous.

» Nos pères, nos frères, nos enfants marchent au sup-» plice. L'un d'eux est père de *dix-neuf enfants...* (Un » mouvement éclate dans l'assemblée.) De dix-neuf en-» fants, *dont quatre sont aux frontières...* Léonard Bour-» don ne nous démentira pas; *il est assez généreux* pour » s'unir à nous pour demander un sursis qui donne à nos » malheureux parents le moyen de prouver leur inno-» cence... »

On demande dans l'extrémité gauche *l'ordre du jour.*

Les pétitionnaires redoublent de sanglots et des cris : *Grâce! grâce!*

Un des pétitionnaires. — « *J'offre ma tête* pour sauver » mon cousin, le père de famille le plus respectable... »

Un ordre du président fait retirer les pétitionnaires.

La Convention *passe à l'ordre du jour.*

Les tribunes applaudissent (1).

.   .   .   .

Séance du quartidi 4 brumaire an II.

Dumont, député, se plaint de n'avoir trouvé dans la société populaire de Beauvais qu'un patriotisme à la glace ; mais il a employé des *mesures révolutionnaires* qui en ont déjà *haussé le thermomètre.*

Isabeau, Tallien et les autres députés commissaires à Bordeaux, annoncent un pareil succès dans cette ville, occasionné par leur arrivée. Ils ont désarmé les *gens suspects.* — Il y a des fusils garnis en or. L'or ira *à la Monnaie* ; les fusils *aux volontaires* ; les fédéralistes *à la guillotine.*

.   .   .   .

Dans la même séance, le député Barrère *annonce que des Français, des Bretons ont célébré à Brest une fête en réjouissance de la mort de la reine* (2)... Non, Barrère, non ! pas des Français ! pas des Bretons, mais de braves

____

(1) *Histoire des Révolutions de Paris*, par PRUDHOMME, n° 210, page 24.

(2) *Histoire des Révolutions de Paris*, par PRUDHOMME, 171, n° 243.

— 34 —

sans-culottes, mais d'honnêtes assassins soudoyés par toi
et les tiens pour couper des têtes, piller le peuple, outrager la vertu et profaner les tombes..... Non, pas des Français! non, pas des Bretons!

Séance du tridi 13 frimaire an II.

On a fait lecture d'une lettre du tribunal révolutionnaire
de Ville affranchie (Lyon), en date du 9 frimaire, dans
laquelle il est dit : « *que chaque jour le glaive de la loi y*
» *fait tomber par trentaine la tête des conspirateurs.....*
» *que les deux tribunaux, occupés sans relâche des fonc-*
» *tions qui leur sont confiées, ont déjà envoyé à la mort*
» *plus de deux cents contre-révolutionnaires, dont plu-*
» *sieurs, en montant sur l'échafaud, ont crié :* « JE MEURS
» POUR LOUIS XVII; VIVE LOUIS XVII ! *qu'ainsi les rois*
» *n'ont plus d'amis qu'à la potence* (1). »

Séance du quartidi, 1ʳᵉ décade, 4 nivôse an II.

La Convention nationale, après avoir entendu le rap-
port de son comité de salut public, décrète :
ART. 1ᵉʳ. — *L'armée de la République dirigée contr*
Toulon a bien mérité de la patrie...

. . . .

ART. 10. — *Le nom de Toulon est supprimé. Cett*
commune portera désormais le nom de Port de la Mon
tagne.

(1) PRUDHOMME, *Histoire des Révolutions de Paris*, vol. XVII
page 340.

Les maisons de l'intérieur de cette ville rebelle SERONT RASÉES; *il n'y sera conservé que les établissements nécessaires au service de la guerre, de la marine, des subsistances et approvisionnements* (1).

La Société des Jacobins.

« *Placez la terreur à l'ordre du jour! Que l'égalité* » *promène sa faux sur les têtes! Que les suspects répon-* » *dent de la sûreté des braves sans-culottes! Que cette* » *classe impure de prêtres, de rois, de brigands couronnés* » *tombe sous la hache révolutionnaire.....* »

Translation du cœur de Marat aux Cordeliers.

Un orateur a lu un discours qui a pour épigraphe : *O cor Jesus, o cor Marat : Cœur sacré de Jésus, cœur sacré de Marat*, vous avez les mêmes droits à nos hommages.

L'orateur compare dans son discours les travaux du *fils de Marie* avec ceux de l'*ami* du peuple ; les apôtres sont les *Jacobins* et les *Cordeliers* ; les *Publicains* sont les boutiquiers ; les Pharisiens sont les aristocrates ; Jésus est un *prophète*, et Marat est un DIEU.

L'orateur a fini par comparer la *compagne* de Marat à

(1) PRUDHOMME, *Histoire des Révolutions de Paris*, vol. XVII, page 359.

la mère de Jésus : celle-ci a sauvé l'enfant Jésus en Égypte, l'autre a soustrait Marat au glaive de Lafayette , qui était un nouvel Hérode (1).

(1) *Histoire des Révolutions de Paris*, par PRUDHOMME, n° 211, page 61.

V.

Des Noms.

CARRIER.

Carrier est envoyé à Nantes « *pour passer sur la Vendée comme un fléau destructeur,* » selon les parole de Robespierre.

Son premier acte en Vendée *fut de reculer devant les blancs.*

Le 17 octobre, dans la lande de Bégrolle, il compromit par sa lâcheté le sort de cette journée si fatale aux royalistes, et à la vue du conventionnel qui fuit, abandonnant son cheval, Kléber s'écrie : — « *Soldats, laissez passer* » *le citoyen représentant, et rejetez-le sur les derrières;* » IL TUERA APRÈS LA VICTOIRE..... »

. . . .

Carrier disait un jour au représentant Ruelle : « *Il faut* » *à tout prix se défaire des marchands; s'ils ne me sont* » *pas dénoncés sous peu de jours, je les fais incarcérer, je* » *les décime. — Nous avons fait de la Vendée un désert;* » *—à Nantes, cinq cents têtes doivent tomber par jour, et* » *je n'en vois pas une.* »

.... Il s'écriait le soir même, au club Vincent-la-Montagne : « *Vous, mes braves révolutionnaires,* » *vous, mes bons sans-culottes, qui êtes dans l'indigence,* » *tandis que d'autres sont dans l'abondance, ne savez-*

» *vous pas que ce que possèdent les gros négociants vous*
» *appartient ?—Il est temps que vous jouissiez à votre tour.*
» *— Faites-moi des dénonciations : le témoignage de deux*
» *bons sans-culottes me suffira pour faire tomber leurs*
» *têtes.* »

Il organise la *compagnie Marat*, composée de soixante membres choisis parmi les êtres les plus corrompus.

Ces membres ont le pouvoir de faire des perquisitions, d'emprisonner, et même de *condamner*.

Ils entrent en fonctions après avoir prêté le serment que voici :

« Je jure que Marat, tant avili, tant calomnié par le
» parti feuillantin, par les *crapauds du Marais*, par les
» contre-révolutionnaires, en un mot, ne vivait que pour
» le peuple, et qu'il mourut victime de son dévouement
» pour ce même peuple ; — je jure que les principes ré-
» volutionnaires qu'il osa professer, et dans ses écrits, et
» à la tribune, furent, sont et seront toujours les miens ;
» je jure que les sociétés populaires sont les vraies colon-
» nes de la liberté et de l'égalité ; — je jure de dénon-
» cer et de poursuivre même de tous mes moyens les
» calomniateurs de ces sociétés bienfaisantes. — *Je jure*
» *mort aux royalistes, aux fanatiques, aux muscadins,*
» *aux feuillantins, aux modérés de quelque couleur, de*
» *quelque masque qu'ils se revêtent.* — Je jure de ne
» reconnaître pour parents, pour frères, pour amis que
» les seuls vrais patriotes, que les défenseurs ardents de
» la République. »

Carrier avait établi en principe que les dépouilles des prisonniers appartenaient à ceux qui les avaient dénoncés ou arrêtés.....

« Je ne veux plus, disait Carrier, je ne veux plus
» d'*accapareurs*, de *négociants*, de *fédéralistes*, de *riches*,
» de *modérés*; il faut nationalement *jouer à la boule avec*
» *leurs têtes........* ....»

HÉRAULT DE SÉCHELLES, *président de la Convention*, complimentait Carrier sur son patriotisme, et lui écrivait alors : « Un représentant du peuple en mission doit frapper
» de grands coups, *mais laisser peser sur ses agents tout*
» *le poids de la responsabilité*, sans jamais se compro-
» mettre par ses écrits. »

Aussi Carrier parle, mais il signe rarement...........

Un batelier patriote, nommé *Perdreau,* s'explique ainsi en racontant au comité une expédition nocturne dont il a eu le commandement. Cette nuit-là Perdreau noya *sept ou huit cents ecclésiastiques.* Son civisme n'est pas bien fixé sur le nombre.

« Lorsque *je fais des baignades,* disait-il, je dépouille
» les hommes et les femmes ; je fouille leurs vêtements et
» les mets dans un grand mannequin ; je les attache par
» les bras et par les poignets ; je les fais venir sur les
» bords de la Loire ; ils montent deux à deux dans mon
» bateau ; deux hommes les poussent par derrière et
» les précipitent la tête la première dans l'eau ; puis,
» lorsqu'ils veulent se sauver, nous avons de grands bâtons

» avec lesquels *nous les assommons.* — C'est ce que nous
» appelons le *mariage civique.* »

Carrier appelait ces sortes d'exécutions, des *déportations verticales.*

Il existe sur le registre du comité révolutionnaire la délibération suivante :

« 15 brumaire.

« *Incarcération de tous les gens riches et de tous les*
» *gens d'esprit que l'opinion publique désigne comme sus-*
» *pects.*

» Séance levée à 10 heures du soir.

» Bachelier, *président ;* Goullin, *secrétaire.* »

Carrier disait aux Nantais : « *Moi et mes amis de la*
» *Montagne voulons faire un cimetière de la France, plu-*
» *tôt que de ne pas la régénérer à notre manière.* »

Les districts de la Vendée implorent des vivres et des fourrages, car tout a été détruit.

Carrier répond au général Haxo, qui s'est chargé de faire valoir cette demande des patriotes :

« Il est bien étonnant que la Vendée ose réclamer des
» subsistances après avoir déchiré la patrie par la guerre
» la plus sanglante, la plus cruelle. — *Il entre dans mes*
» *projets, et ce sont les ordres de la Convention natio-*
» *nale, d'enlever toutes les subsistances, les denrées, les*
» *fourrages, tout en un mot de ce maudit pays ; de livrer*
» *aux flammes tous les bâtiments, d'en exterminer tous*
» *les habitants ;* car je vais à l'instant en faire passer l'or-

» dre ; et ils voudraient encore affamer les patriotes, après
» les avoir fait périr par milliers ! Oppose-toi de toutes
» tes forces à ce que la Vendée prenne ou garde un seul
» grain ; fais-les délivrer aux commissaires du départe-
» ment, séant à Nantes ; *je t'en donne l'ordre le plus pré-*
» *cis, le plus impératif* ; tu m'en garantis dès ce moment
» l'exécution ; en un mot , ne laisse rien dans ce pays de
» proscription ; que les subsistances, denrées , fourrages,
» tout, absolument tout, se transporte à Nantes.

» Signé : Carrier. »

Le *général* Haxo refuse de se faire le complice de tant
de froides cruautés. — Carrier répond par cet ordre encore plus péremptoire :

« Il vous est ordonné d'*incendier toutes les maisons* des
» rebelles , d'en *massacrer tous les habitants* et d'en *en-*
» *lever toutes les subsistances.*

» Signé : Carrier. »

L'Entrepôt était la prison, qui, comme le disait Carrier
avec une atroce naïveté, servait d'*antichambre patriotique*
à la mort.

Le chirurgien Thomas, un républicain qui a reçu vingt-
deux blessures en combattant les royalistes , accepte la
mission de constater l'état de grossesse de plusieurs Ven-
déennes détenues à l'Entrepôt. Écoutons son récit :

« Je trouvai, en entrant dans cette affreuse boucherie ,
» *une grande quantité de cadavres épars çà et là* ; je vis
» *des enfants palpitants ou noyés dans des baquets pleins*

4.

» *d'excréments humains.* — Mon âme était brisée. — Je
» traverse des salles immenses. Mon aspect fait frémir les
» femmes; elles ne voyaient d'autres hommes que leurs
» bourreaux. Je les rassure en leur parlant le langage
» de l'humanité. — *Je constate la grossesse de trente*
» *d'entre elles; plusieurs étaient grosses de sept à huit*
» *mois.* — Quelques jours après, je revins voir ces fem-
» mes, que leur état rendait sacrées... Ces malheureuses
» femmes *avaient été précipitées dans les flots !* Plus j'a-
» vance sur ce théâtre de sang, plus la scène devient af-
» freuse : huit cents femmes et autant d'enfants avaient
» été déposés dans les maisons de l'Éperonnière et de la
» Marillière; cependant il n'y avait dans ces prisons *ni lits,*
» *ni paille, ni baquets.* Le médecin *Rollin* et moi *nous*
» *avons vu périr cinq enfants en moins de quatre minutes :*
» ces malheureux *ne recevaient pas d'aliments.* — Nous
» nous informons des femmes du voisinage, si elles sont
» dans l'impossibilité de secourir ces créatures infortunées.
» Elles nous répondent : *Comment voulez-vous que nous*
» *fassions ?* GRAND-MAISON (président du tribunal révolu-
» tionnaire) *fait incarcérer tous ceux qui portent des ali-*
» *ments à ces femmes et à ces enfants.* »

Carrier ajoutait chaque jour quelque raffinement à ses
supplices. — Les simples noyades lui paraissaient trop
naturelles ; il inventa les *mariages républicains.*

Un *vieillard et une jeune fille, un jeune homme et*
une vieille femme, un prêtre et une religieuse, étaient dé-
pouillés de tous leurs vêtements, accouplés, garrottés et

descendus dans ces barques à soupapes qui s'entr'ouvraient au milieu de la Loire pour noyer ces malheureuses victimes du féroce proconsul.

Un vieux soldat révolutionnaire, nommé GONCHON, s'était laissé nommer président d'une des commissions militaires établies à Nantes après la bataille de Savenay. Il condamnait toute la journée et une partie de la nuit. *En moins de vingt jours il envoya plus de quatre mille personnes à la mort.* — Carrier n'est pourtant pas encore satisfait. Il appelle Gonchon; en le voyant, il le saisit au collet, il le secoue avec une fiévreuse violence et s'écrie : « *C'est donc toi, vieux coquin, qui présides la commis-* » *sion? Si dans deux heures tu n'as pas fait fusiller tout* » *ce qu'il y a de prisonniers à l'Entrepôt, je te fais guil-* » *lotiner.* » — Gonchon se retira consterné. Vingt-quatre heures après, il expirait dans le délire en prononçant ces poroles : « *Ah ! scélérat de Carrier !... Condamner sans* » *juger !* »

La femme PICHOT, qui demeurait à *la Sécherie,* au point même de l'embarcation, raconte en ces termes les *déportations verticales* dont elle a été témoin :

« En frimaire, je vis amener au crépuscule un grand » nombre de femmes échevelées et les vêtements en dé- » sordre ; *plusieurs portaient des enfants sur leurs bras.* » Elles pleuraient et disaient amèrement : « *On va donc* » *nous noyer sans vouloir nous entendre !* » Quelques-unes » *étaient enceintes et* ACCOUCHÈRENT *dans la galiote qui* » *leur servit de tombeau.*

» Je vis un jour amener des prisonniers sur une char-
» rette ; ils venaient de l'Entrepôt. — On les déposa dans
» une galicte, *où ils furent oubliés pendant quarante-*
» *huit heures.* Les bourreaux avaient eu soin de bien fer-
» mer le pont : aussi lorsqu'on l'ouvrit, *soixante de ces*
» *malheureux furent trouvés asphyxiés.* — Robin, le sabr
» à la main, fit jeter ces cadavres à l'eau par de nouveau
» prisonniers qu'il venait d'amener ; puis, cette opératioi
» terminée , il ordonna à ses agents de mettre nu
» tous les prisonniers : hommes, femmes et enfants, tou
» fut dépouillé et garrotté ; on les descendit dans un cha
» land, on les attacha à des boucles fixées aux membrure
» du bateau , et le tout fut bientôt englouti. — Cett
» noyade eut lieu *en plein jour.* »

Sans compter les fusillades, dont le nombre est incalcu
lable, il y eut , de *l'aveu* du comité révolutionnaire, *plu*
de vingt-trois noyades, dont la plupart comptent *huit o*
neuf cents victimes.

On mourait partout et de toutes les façons. Bientôt l'ea
de la Loire ne fut plus potable ; on en défendit l'usage
elle était empoisonnée par la décomposition des cadavre.
— Les bâtiments qui levaient l'ancre en faisaient mont
par centaines à la surface de la Loire ; et au bord des deu
rives de *Nantes* à *Paimbœuf,* on n'apercevait plus qu
des fossoyeurs enrégimentés, ou des oiseaux de pro
croassant au-dessus de leurs têtes.

Le 2 pluviôse, Carrier rend l'arrêté suivant :

Le comité révolutionnaire de Nantes mettra sur-l

» *champ en arrestation tous les courtiers, banquiers,*
» *agents de change qui sont encore en activité, même ceux*
» *qui sous l'ancien régime exerçaient ce commerce scan-*
» *daleux. Le même comité mettra également en arresta-*
» *tion les acheteurs et acheteuses de denrées de première*
» *nécessité, les marchands, les négociants et tous ceux*
» *qu'il regardera comme suspects.* »

Carrier aux membres du tribunal révolutionnaire de Nantes :

« *Vous êtes un tas de b..... de juges ; vous êtes un tas*
» *de j.. -f....; il vous faut des preuves pour guillotiner*
» *un homme! f...-le-moi à l'eau, c'est bien plus tôt fait.* »

A une brigade allant combattre les insurgés :

« *Braves défenseurs, vous qui avez porté le nom* d'ar-
» mée infernale, *je vous conjure, au nom de la loi, de*
» *mettre le feu partout, de n'épargner personne, ni*
» *femmes, ni enfants ; de tout tuer, de tout incendier.* »

« Représentant, répliqua le général de la brigade, indi-
» gné, nous sommes des soldats et non des assassins! »

Parole imprudente, dont Carrier se souvint plus tard.

Dans le procès de Carrier, Bourdon fit la déposition suivante :

« *La dernière fusillade que j'ai vue était de quatre-*
» *vingts femmes environ ; elles furent d'abord fusillées,*
» *ensuite dépouillées et restèrent nues pendant trois jours*
» *sans être enterrées.*

» *Les enfants n'étaient pas plus épargnés que les*
» *femmes.* »

« *C'étaient des Allemands*, dit le même témoin, *qui*
» *s'étaient chargés de ces exécutions. La fusillade leur*
» *semblait trop prompte ; ils formaient un cercle, et se*
» *jetaient les enfants de baïonnette en baïonnette.* »

En face de la Convention, Carrier n'eut pour légitimer
ses cruautés qu'un mot, mais un mot sublime d'horreur et
de vérité : « *Vous êtes aussi coupables que moi*, s'écria-
» t-il, *et jusqu'à la sonnette du président !* (1)

ISORÉ.

Isoré, représentant du peuple près l'armée du Nord,
écrivait à la Convention :

« Quartier général de la Croix-Blanche, le 1er du 2e mois, an II.

» J'annonce à la Convention nationale victoires sur victoires ; nous forçons l'ennemi partout et nous sommes devant et derrière Menin... Nos succès sont au comble...

» Nous avons tué hier un *troupeau entier d'émigrés*
sous le moulin de Warvick. — Un seul a été envoyé à
Lille pour *entretenir le service de la guillotine*. A demain
dans la Belgique. — Triomphe et joie aux sans-culottes ! —

» *Signé* : ISORÉ. »

(1) Voir l'*Histoire de la Vendée militaire*, par M. Crétineau-Joly,
vol. Ier.

RONSIN.

*Le général en chef de l'armée révolutionnaire à ses
frères et amis les Cordeliers.*

« L'armée révolutionnaire est entrée le 5 frimaire
» (an II), dans cette ville coupable, nommée si injuste-
» ment *Commune affranchie*. La terreur était peinte sur
» tous les fronts ; et le profond silence que j'avais eu soin
» de recommander à nos braves soldats rendait leur
» marche encore plus menaçante, plus terrible. La plupart
» des boutiques étaient fermées : quelques femmes s'é-
» taient rangées sur notre passage ; *on lisait dans leurs
» yeux plus d'indignation que de frayeur.* . . . .
» *La guillotine* et *la fusillade ont fait justice de plus
» de quatre cents rebelles.* — Mais une nouvelle commis-
» sion révolutionnaire vient de s'établir, composée de vrais
» sans-culottes ; mon collègue *Parrein* en est le président,
» et, *dans peu de jours, la mitraille, lancée par nos ca-
» nonniers, nous aura délivrés en un seul instant de plus
» de quatre mille conspirateurs.* — *Il est temps d'abréger
» les formes !* Leur lenteur peut réveiller, je ne dirai pas le
» courage, mais le désespoir des traîtres qui sont encore
» dans les débris de cette ville impie.
» La République a besoin d'un grand exemple ; il faut
» que le Rhône ensanglanté roule sur ses rives, et jusqu'à
» la mer, les cadavres des lâches qui ont assassiné nos

» frères; — et tandis que la foudre qui doit les exterminer
» en un moment portera la terreur dans les départe-
» ments....., il faut que les flammes de leurs repaires dé-
» vastés annoncent au loin le châtiment destiné à ceux
» qui tenteraient de les imiter.

» Ces mesures sont d'autant plus urgentes, que, dans
» cette commune, forte de *cent vingt mille habitants*, on
» trouverait à peine, je ne dirai pas *quinze cents patriotes*,
» mais *quinze cents hommes qui n'avaient pas été com-*
» *plices de la rébellion.* . . . .
» . . . .

» Salut et fraternité.

» RONSIN. »

MAIGNET.

Maignet écrivait au Comité de salut public :

« Orange. . . . .

» La sainte guillotine va tous les jours; — marquis, com-
» tes, procureurs, *montent tous sur madame.* — Dans peu
» de jours, *soixante chiffonniers* y passeront.

» *Signé* : MAIGNET. »

BOURBOTTE, THUREAU, CHOUDIEU, FRANCASTEL.

Les représentants du peuple près l'armée de l'Ouest, à leurs collègues composant le Comité de salut public.

« Angers, le 30 du 1ᵉʳ mois, l'an II de la République » française, une et indivisible.

» Citoyens collègues,

» L'armée française, à *Montaigu*, s'empara de Tassanges.... De suite, elle se porta à *la Romagne*, y battit les ennemis, *brûla* ce repaire, *fit égorger* les avant-postes de *Mortagne*, se précipita dans les faubourgs de cette ville et en chassa les brigands, dont un grand nombre mordit la poussière. *Les faubourgs furent incendiés*, et les rebelles, effrayés de cette *manière ordinaire* d'éclairer notre marche, évacuèrent entièrement *Mortagne*. . . . .

. . . .

» Une solitude profonde règne actuellement dans le pays qu'ils occupaient. — On ferait beaucoup de chemin dans ces contrées avant de rencontrer *un homme* et *une chaumière*; car, à l'exception de *Chollet*, de *Saint-Florent* et de quelques petits bourgs où le nombre des patriotes excédait de beaucoup celui des contre-révolutionnaires, *nous n'avons laissé derrière nous que des cendres et des monceaux de cadavres.* . . . .

» *Signé :* BOURBOTTE, THUREAU, CHOUDIEU, FRANCASTEL. »

FÉLIX ET MILLIER.

Félix et Millier, commissaires envoyés à Saumur pour surveiller les opérations des tribunaux révolutionnaires, écrivent au Comité de salut public :

« Saumur, 26 frimaire an II.

» Salut, fraternité, joie, santé, persévérance et célérité dans les mesures révolutionnaires. *Ça ira!*

» La poste part, et des brigands attendent notre jugement pour monter à la guillotine. En voilà *quatre cents* depuis *quinze jours* que nous y faisons monter.

» *Signé :* Félix et Millier. »

Cinq jours après, ils adressent au même Comité la note suivante :

« *Les brigands nous manquent pour nos cérémonies ex-*
» *piatoires* en l'honneur de l'égalité. Mais les environs de
» *Saumur* et les villes voisines sont pleines de *patriotes*
» *tièdes*, de *cœurs affadis dans le modérantisme*, de *coquins*
» *qui sont riches* et qui tremblent devant nos justices. —
» Nous allons les faire *cracher au bassinet* de l'égalité. Au-
» jourd'hui *dix-sept* viennent d'être condamnés. Ils avaient
» des *fortunes scandaleuses et des vignes en plein rapport.*
» Nous déclarons cela *propriété nationale. La modération*
» *est un crime.* Pour frapper aussi vertement, nous n'avons

» pas besoin d'ordre. — Nous vous connaissons, citoyens
» représentants, et nous savons bien que nous n'interpré-
» tons *que faiblement* vos pensées civiques. »

DUMONT.

*Le citoyen Dumont, représentant du peuple dans les dé-
partements de la Somme, du Pas-de-Calais et de l'Oise,*

« A la Convention, le premier jour de la première dé-
» cade du deuxième mois, an II de la République.

» Citoyens collègues, nouvelles captures ! *D'infâmes bi-
» gots, des prêtres réfractaires,* vivaient dans des *tas de foin*
» dans la ci-devant *abbaye du Gard* ; leurs barbes longues
» semblaient annoncer combien leur aristocratie était invé-
» térée.

» Ces *trois bêtes noires,* ex-moines, ont été découverts ca-
» chés, et, après eux, on a trouvé un trésor en terre... Les
» *trois monstres* sont allés au cachot attendre leur jugement.

» J'ai accepté, malgré mes fatigues, l'adjonction du dépar-
» tement de l'Oise, où je vais me rendre, parce qu'en *net-
» toyant* ce département, je n'en trouverai que plus de
» moyens d'extirper le *chancre cadavéreux* de l'aristocratie.
» Patience, et j'en découvrirai bien d'autres.

» *Signé* : DUMONT. »

« Le premier jour du deuxième mois, an II.

. . . .

» Je viens de requérir l'arrestation des prêtres *qui se per-*
» *mettaient de célébrer des fêtes ou dimanches*; je fais dis-
» paraître les crucifix et les croix,et bientôt je comprendrai
» *dans la proscription les animaux noirs* appelés prêtres.
» J'ai dissous hier, 10, la société populaire et j'ai nommé un
» comité secret chargé du scrutin épuratoire ; cet arrêté a
» été couvert d'applaudissements.

» Je pars pour Beauvais, que je vais mettre au *bouillon*
» *maigre* avant de lui *faire prendre médecine...*

» La République ou la *mort!*

» Signé : Dumont. »

LAPORTE

A COUTHON.

« Commune affranchie, 15 germinal an II.

» Il s'est commis ici d'*horribles dilapidations* ; les *frères*
» ont apposé les scellés ; ils ont mis dans ces maisons et
» magasins des *gardiateurs à leur dévotion, sans avoir*
» *fait d'inventaires*; ils ont chassé de leur domicile femmes,
» enfants et domestiques, *pour n'avoir pas de témoins.*
» Cela fait du bruit; il faudrait aller plus doucement, je te
» le dis en confidence... *Ils forcent les serrures, et pillent*
» *sous les yeux du peuple.* Ce n'est pas cela... Un nommé
» *Castaing,* que tu connais, s'est installé dans la maison

» d'un millionnaire , séquestré ; *il y fait des orgies avec*
» *des filles* ; il faudrait le rappeler à l'ordre, sans quoi, il
» va *gâter nos affaires* ; notre caractère s'avilira, et cet
» avilissement détruira tout.

» *Signé* : LAPORTE. »

DROUET.

« Puisque, s'écrie Drouet, notre vertu, notre modéra-
» tion, nos idées philanthropiques, ne nous ont servi de
» rien, soyons brigands pour le bonheur du peuple ! soyons
» brigands ! Que les suspects répondent sur leur tête de
» tout ce qui arrivera. »

ARISTIDE BUCHEAU.

A Antrain, le représentant Pochole reçoit la lettre suivante :

» Citoyen représentant, je suis un vrai patriote que
» l'ancien régime a persécuté. — On m'a renfermé dans
» la prison de cette ville avec un amas de ci-devant nobles
» et de *ci-devant paysans*. Vive l'égalité ! Ces *brigands*
» *d'honnêtes gens* ne cessent pendant tout le jour de mar-
» motter des prières contre-révolutionnaires ; mon cœur
» sans-culotte en est indigné ; est-ce que tu n'aurais pas
» un *rasoir national pour leur faire la barbe ?*

» Fait en prison, à Antrain, le 17 nivôse de l'an II de la
» liberté.

» Aristide BUCHEAU. »

Cet Aristide Bucheau est une espèce de voleur de grand chemin qui a subi plusieurs condamnations infamantes.

Le représentant Pochole sourit en lisant sa lettre.

Bucheau est réintégré dans ses droits de citoyen.

On le nomme même président d'un nouveau tribunal révolutionnaire.

Au premier feuillet du registre des jugements rendus par ce tribunal, on lit :

25 nivôse, an II.

» *Jugé, condamné, exécuté sans désemparer, soixante-*
» *huit brigands, mâles ou femelles, qui, par d'indécentes*
» *et inciviques prières, conspiraient en prison contre la*
» *sainte égalité.* »

Le tribunal dont cet Aristide est le président n'a conservé que pendant *quarante-sept jours* ses fonctions exécutives.

Le nombre des *Vendéens*, des *modérés*, des *feuillantins* qu'il assassina ou *sans-culottisa*, selon son expression, s'élève à *dix-huit cent quinze*, *dont cent quarante-cinq enfants de* QUATRE A ONZE ANS.

SERGENT L'AGATHE.

SERGENT, *député à la Convention*, avait été surnommé *l'Agathe*, pour avoir eu la bassesse de se décorer d'une *agathe et de montres à répétition provenant des dépouilles des malheureux égorgés au 2 septembre* (1).

LEQUINIO ET LAIGNELOT.

Lequinio et Laignelot, représentants en mission à *Ro chefort*, écrivent à la Convention :

« Nous vous envoyons une *marmite à bon Dieu,* qui nous a été remise par le citoyen *Gruat*, en joignant ici la lettre qu'il nous a écrite. — Une députation de l'*île d'Aix* vient de nous prévenir qu'elle venait de charger pour nous à la messagerie un ballot renfermant toutes les *boîtes à bon Dieu* de cette île, les *étuis à graisse*, en un mot *les gobelets et les gibecières de leurs défunts charlatans religieux.*

» *Signé* : Lequinio et Laignelot. »

Et au Comité de salut public :

« Rochefort, 15 brumaire an II.

» Encore un triomphe moral, non pas sur les *momeries presbytériales*, elles n'existent plus dans ce pays , mais sur un préjugé non moins sot et non moins enraciné. Nous avons formé ici un tribunal révolutionnaire comme celui de Paris, et nous en avons nommé nous-mêmes tous les

(1) Prudhomme , membre de la Convention. *Dictionnaire des crimes de la Révolution*, vol. Ier.

membres, excepté celui *qui doit clore la procédure,* le guillotineur. — Nous voulions laisser aux patriotes de Rochefort la gloire de se montrer librement les vengeurs de la République trahie par des scélérats; nous avons simplement exposé ce besoin à la société populaire. « *Moi,* s'est écrié avec un noble enthousiasme le citoyen ANCE ; *c'est moi qui ambitionne l'honneur de faire tomber la tête des assassins de ma patrie !* » A peine a-t-il eu le temps de prononcer cette phrase que d'autres se sont levés pour le même objet, et ils ont réclamé du moins *la faveur de l'aider.* Nous avons proclamé le citoyen *Ance* guillotineur, et nous l'avons invité à venir, en dînant avec nous, prendre ses pouvoirs par écrit, et les arroser d'une libation en l'honneur de la République. Nous pensons qu'en peu de jours, les juges le mettront à même de donner la preuve pratique du patriotisme avec lequel il vient de se montrer si au-dessus des préjugés qu'il fut toujours intéressant aux rois et aux tyrans d'entretenir pour nourrir toutes les inégalités sociales sur lesquelles s'établissait leur puissance.

» Signé : LEQUINIO et LAIGNELOT. »

COLLOT D'HERBOIS

A ROBESPIERRE.

« Commune affranchie, 3 frimaire an II.

» ..... La population actuelle de Lyon est de 130,000 âmes au moins ; *il n'y a pas de subsistances pour trois jours* ; *je le répète, il faut en expédier au moins* 60,000 ; on pourrait les répandre avec précaution sur la surface de la République ; cependant les générations qui en proviendraient ne seraient jamais complétement pures..... Hier, un spectateur revenant d'une exécution, disait : « Cela n'est pas trop dur ; que ferai-je pour être guillotiné ? insulter les représentants ? » — Juge combien de de telles dispositions sont dangereuses. Voilà l'état des choses.....

» *Signé* : COLLOT D'HERBOIS. »

Collot d'Herbois disait : « *La guillotine est trop lente* ; ce n'est pas ainsi que doit s'exprimer la vengeance du peuple. Si les aristocrates et les riches n'ont pas peur de la mort, il faut au moins leur en faire craindre les tourments ; cinquante, cent, sont fusillés, mais ils le sont d'un seul coup. *Ce supplice est trop doux. Nous pourrions en rassembler cinq cents à la fois dans une place, et là on pourrait les foudroyer avec des canons chargés à mitraille ; ils seraient déchirés, morcelés, et on les achèverait à coups de sabre, de hache ou de baïonnette.* Ce n'est point là une barbarie.

» Qui sont ceux qui osent pleurer sur les cadavres des aristocrates, des nobles et des prêtres ? La foudre populaire doit les frapper, et, semblable à celle du ciel, ne laisser que le néant et les cendres. »

FOUQUIER-TINVILLE.

Au tribunal révolutionnaire de Paris, on amène une

pauvre vieille femme atteinte de surdité et prévenue de conspiration contre la sûreté du peuple français.

On l'interroge ; — elle ne répond pas.

Une voix dans l'auditoire crie aux juges qu'elle est sourde et qu'elle ne peut répondre.

Fouquier-Tinville, accusateur public, se lève et se tournant vers les membres du tribunal :

« Mettez : Convaincue d'avoir *conspiré sourdement.* »

Et les juges de rire.....

Et les bons sans-culottes de rire.....

C'était si drôle, en effet, de voir une pauvre vieille femme infirme en butte aux atroces plaisanteries d'un polisson qui se faisait un jeu de couper des têtes.....

La pauvre vieille *fut guillotinée.*

CHALIER.

A Lyon, le lendemain du 21 janvier, Chalier s'élance sur une table de club, et s'écrie en foulant aux pieds l'image crucifiée de la Rédemption : « *Nous avons tué le tyran des corps, il nous faut tuer le tyran des âmes.* »

LEGENDRE.

Après la condamnation de l'infortuné monarque Louis XVI, Legendre fit la proposition suivante :

« Voici mon opinion : *Que l'on coupe le tyran en quatre-vingt-trois morceaux, et qu'on en envoie un à chaque département, pour faire trembler les aristocrates.* »

BURONDELLE.

Le citoyen Burondelle, président d'une commission révolutionnaire, adresse au représentant Francastel le rapport suivant :

« Selon tes ordres, mon représentant, nous condamnons tous les jours des tas de soutiens de Pitt et Cobourg. — Il y en a parmi eux qui ont le front de demander les preuves que la nation a contre eux. — La nation a supprimé *cet abus de l'ancien régime.* — Ils sont coupables *parce que nous le voulons,* et ils meurent *parce qu'ils sont riches.* — Voilà ! — En attendant, j'en tue bon jour, mal jour, de soixante à quatre-vingts. — Encore quelques saignées et la nation sera rafraîchie.

» Signé : BURONDELLE. »

PARREIN.

Parrein, président de la commission révolutionnaire de Lyon,

A PAYAN, *député.*

« Lyon, 22 germinal an II.

» Je t'envoie, mon ami, deux jugements qui te prouveront combien notre tribunal est l'ami de la Montagne et l'ennemi des rois, puisque l'*on punit de mort* un homme qui *avait osé calomnier la Montagne.* La guillotine est placée devant une montagne ; on dirait que toutes les têtes lui rendent en tombant l'hommage qu'elle mérite. Allégorie précieuse pour de vrais frères et amis..... Demain, on en annonce sept ou huit, et après-demain..... *relâche au théâtre.* »

JOSEPH LEBON.

Joseph Lebon au Comité de salut public.

« J'étais digne de la mission que vous m'avez confiée. Vous me livrez à mon énergie révolutionnaire, eh bien ! rien ne m'arrêtera ; les têtes des aristocrates *vont tomber comme la grêle.* Je ne laisserai en liberté *aucun riche, aucun homme d'esprit,* qui ne se soit prononcé fortement et de bonne heure pour la révolution.

» Je garde le silence depuis quelques jours. Dites : Tant mieux, c'est que Joseph Lebon travaille fort. Oui, je vous assure, j'y vais d'une jolie manière : *il ne se passe pas vingt-quatre heures que je ne dépêche du gibier de guillotine, et tous les scélérats sont expédiés révolutionnairement.*

» On me demande des détails, je n'ai pas le temps. Je suis ici (*Arras*) depuis quatre jours à faire marcher le tribunal. *La guillotine roule à toute force. J'en ai fait expédier aujourd'hui vingt-huit, tant mâles que femelles;* j'ai fait arrêter *un général pour m'avoir traité de gueux et de coquin.*

» Je suis arrivé à Cambrai, hier soir, accompagné de

vingt braves. J'espère *faire le bien* à Cambrai, et y inspirer une terreur civique. *La guillotine va entrer de suite en activité.* Patience, et ça ira d'une jolie manière.

» MM. les parents et amis d'émigrés et les prêtres réfractaires *accaparent* la guillotine ; *on est à la queue.* Avant-hier, un ex-procureur, une riche dévote, veuve de trois ou quatre chapitres, un banquier millionnaire, une marquise, trois moines et un général ont passé la tête à la chatière et ont disparu du sol de la liberté ! *La vertu et la probité sont plus que jamais à l'ordre du jour.....* — Mon jury est composé de *soixante b..... à p...*; je ne suis occupé qu'à faire des actes d'accusation ; j'ai organisé à Doullens une commission ardente de sept patriotes ; nous ne dormons point.

» *Signé* : Joseph Lebon. »

Au moment d'aller au supplice, lorsqu'il fallut endosser la chemise rouge, Joseph Lebon dit : « Ce n'est pas moi qui dois l'endosser ; il faut l'envoyer *à la Convention*; *je n'ai fait que suivre ses instructions et celles de ses comités.*

JEAN-BON-SAINT-ANDRÉ.

Jean-Bon-Saint-André et son digne collègue *Laplanche,* prêtre apostat, avaient fini par se lasser des exécutions innombrables, du sang que l'échafaud faisait chaque jour ruisseler à flots en Bretagne et en Vendée.

C'était toujours le même couperet, le même bourreau,

les mêmes égorgeurs : — il n'y avait plus de charme. — Il fallait du nouveau ou retourner à Paris. Mais retourner à Paris avec un simple bagage de guillotinades et de fusillades, d'incendie et de pillage, c'en était assez pour être suspect de *modérantisme* aux yeux de la Convention.

Et puis, Carrier avait obtenu une mention honorable pour ses *mariages républicains*... — si on pouvait faire mieux ?

Jean-Bon et Laplanche eurent l'ingénieuse idée d'enrégimenter de pauvres petits enfants ; — ils les dressèrent au maniement du fusil, et quand ils les virent suffisamment instruits, ils en firent les exécuteurs de leurs *basses-œuvres*.

Les prisonniers destinés aux plaisirs de la journée étaient amenés en présence de ces hommes immondes et dénaturés ; on les alignait, et de malheureux petits êtres qui n'avaient pas conscience de leurs actes étaient obligés de les fusiller et de les achever ensuite...

Jean-Bon et Laplanche appelaient cela : « *apprendre na-* » *tionalement à lire dans le cœur des infâmes ennemis du* » *peuple.* »

Est-il possible de montrer plus de cynisme et de scélératesse ?

Oui. — Dubois-Crancé va se signaler d'une manière plus atroce...

DUBOIS-CRANCÉ.

En ce temps, le gouvernement favorisait l'émulation du

crime ; — et, alors que la Convention croyait honorer le crime le plus épouvantable, il se trouvait dans son sein même un monstre qui en imaginait un plus épouvantable encore...

Dubois-Crancé, membre de la Convention et du comité de salut public, envoyé en Bretagne pour donner l'exemple des vertus patriotiques, — *contraignit des enfants à* FUSILLER LEUR PÈRE !

VI.

L'Armée infernale.

L'humanité et la vertu, disparues du reste de la France républicaine, s'étaient réfugiées au sein de l'armée.

La Convention ne pouvait espérer d'exterminer la Vendée avec les troupes régulières qui, fidèles à leur glorieuse devise : *Honneur et Patrie !* avaient maintes fois, par l'organe de leurs officiers, *refusé d'obéir* aux ordres barbares du gouvernement.

La Convention, qui lisait un arrêt de mort dans ces désobéissances vraiment patriotiques, sans cesse renaissantes, voulut *en finir* d'un seul coup.

Elle organisa une armée spéciale recrutée dans les bouges de la capitale, et composée de brigands et de coupe-jarrets, de pillards et d'égorgeurs qui avaient fait leurs preuves sur les *places publiques*, à *Versailles*, aux *Tuileries*, aux *journées de septembre*, et qui ne devaient pas marchander en fait de crimes.

L'élite de ces scélérats forma l'état-major de cette milice sans exemple dans les annales des peuples.

Et les *colonnes infernales* se mirent en marche aux affreux refrains du *Ça ira* et de la *Carmagnole*, au mot d'ordre : *Incendie et massacres !*

Nous allons les voir remplir leur mission, — et, pour notre complète édification, nous laisserons parler leurs dignes chefs et les révolutionnaires les plus avancés.

ROSSIGNOL.

Rossignol, improvisé général en chef d'une des colonnes infernales, disait à Grignon, général de la même fabrique :

« Ah çà, Grignon, *te v'là* chef de brigade. Tu vas pas-
» ser la Loire ; — tue *tout ce que tu rencontreras !* c'est
» comme ça qu'on fait une révolution. »

DUFOUR.

« L'armée de Dufour, qui ne suit l'ennemi *que de loin,* est rentrée aux Herbiers un ou deux jours après qu'il en a été sorti, et, d'après notre déroute, il y a séjourné quatre ou cinq jours consécutifs, et, ne nous trouvant plus pour mettre un frein à son mauvais dessein, il sembla avoir autorisé son armée à *piller* et à *dévaster* tout le pays, *surtout les bons républicains* ; et sur les observations que *quelques patriotes* lui firent, qu'il ne leur restait presque plus rien, il leur répondit qu'il allait faire enlever le reste. — Les dommages qu'a occasionnés cette armée sont irréparables.

» GUESDON,
» Officier municipal et commissaire
de la division de Montaigu. »

DAVID.

Au général en chef TURREAU.

« Nous *faisons passer derrière la haie* (1) les hommes

(1) Faire passer derrière la haie : *assassiner.*

6.

et les femmes qui nous paraissent susceptibles d'avoir *bri-
gandé* ou de *pouvoir brigander*. — Nous *envoyons au
quartier général* (1) tous ceux que nous déclarons suspects ; mais, par motif d'économie, nous ne voulons plus
user notre poudre à de pareils moineaux. Nos soldats ont
trouvé un moyen plus économique de tuer. — *Avec la crosse
de leurs fusils, ils cassent la tête aux ennemis du peuple.*
Mais je ne te cacherai pas que ce moyen deviendra à la
longue coûteux en diable. — Déjà *les crosses des fusils sont
presque toutes endommagées ; les batteries elles-mêmes
s'en ressentent,* et, *comme l'ouvrage donne encore*, je vais
prendre sur moi de faire distribuer plus de poudre à mes
hommes.

» *Signé :* DAVID,

» Chef de bataillon. »

GRIGNON.

Grignon, fils de boucher, boucher lui-même, a appris
dans l'état de son père à assommer les bœufs, et de ce
métier il se fait un patriotique devoir pour égorger les
hommes.

Il vient de recevoir les instructions de *Rossignol.* Prêt
à se mettre en marche, il harangue ses soldats :

« Camarades, nous entrons dans le pays insurgé. *Je
» vous donne l'ordre de livrer aux flammes tout ce qui*

(1) Envoyer au quartier général : *assassiner.*

» *sera susceptible d'être brûlé, et de passer au fil de la*
» *baïonnette tout ce que vous rencontrerez d'habitants*
» *sur votre passage. — Je sais qu'il peut y avoir quelques*
» *patriotes dans ce pays : c'est égal ! nous devons tout sa-*
» *crifier.* »

Rapport au Comité de salut public.

« Le général Grignon arrive aux Essarts; il fait égorger, sur une liste insignifiante, vingt jeunes gens qui s'étaient conformés à la proclamation des représentants du peuple, avaient remis les armes et se comportaient bien.—*Ils m'avaient,* en qualité de commissaire du district, *aidé à briser les cloches de dix églises* et *à désarmer au moins deux cents brigands. — Il fit égorger des officiers municipaux en écharpe,* et cela par une erreur de nom qu'il ne donna pas le temps d'expliquer. - Dans le reste de la paroisse, *il fusilla de toutes mains, sans exception ni formalité.*—Par ordre de Grignon, on m'arracha mon habit pour me fusiller... Dix hommes de ma garde nationale furent sabrés, dont deux furent *mal tués* et en réchappèrent. — A la Floutière, j'offris de lui donner une liste des grands coupables. — Il me dit que c'était inutile. — Il fit égorger les hommes de ma commune sans me consulter. — *La troupe pilla, incendia à tort et à travers.* — Je ne mentionne pas les cadavres épars faits par les soldats. —- *On viola les femmes, on coupa un patriote et sa servante en morceaux, ainsi que deux vieilles femmes, dont l'une était en enfance.*

» Grignon me dit qu'en entrant dans la Vendée, il avait juré d'égorger tout ce qui se présenterait à lui ; *qu'un patriote n'était pas censé habiter ce local ; que, d'ailleurs, la mort d'un patriote était bien peu de chose quand il s'agissait du salut public.* Je lui dis que *cette dernière proposition* était une *vérité*, mais qu'il ne fallait pas en *abuser*.....

» Je lui disais un soir : Il y a quelques métairies ici où on trouverait bien de l'argent ; *il crut que je voulais les faire piller*, et me dit : Voilà où je vous connais *républicain*. Je baissai les yeux et ne répondis pas.

» Il disait un jour : On est bien maladroit, on tue d'abord ; il *faudrait d'abord exiger le portefeuille, puis l'argent,* sous peine de la vie, et, *quand on aurait le tout, on tuerait tout de même.....*

» On partit de *la Floutière après avoir incendié le bourg.* — Grignon m'ordonna de le suivre et de ne pas m'éloigner de lui. — Dans la route *on pillait, on incendiait.* Depuis la première jusqu'aux Herbiers, dans l'espace d'une lieue, on suivait la colonne autant *à la trace des cadavres* qu'elle avait faite qu'à la lueur des feux qu'elle avait allumés.

» Quand il partit, il me dit : Les villes de Fontenay et de Luçon me dénoncent. — Vous avez été avec moi ; j'espère que vous me rendrez un témoignage favorable au besoin ; et voilà celui que je rends à la vérité.

» CHAPELAIN, *maire de la Floutière.* »

» La colonne se disant révolutionnaire de Grignon, après avoir, dans le village de la Roche, commune du petit bourg des Herbiers, *assassiné* quantité d'individus, tant hommes qu'*enfants,* dont une grande partie *était connue patriote* et travaillait au service de l'armée, arrive à la maison de la Pépinière, à un demi-quart de lieue des Herbiers. Elle appartenait au citoyen JOUBERT, *excellent patriote ; on la condamne tout de suite à l'incendie* ; un domestique, *généralement reconnu patriote*, est fusillé. »

> (*Extrait d'un procès-verbal adressé à la Convention et signé* : Les officiers municipaux des Herbiers, MARUTEAU, *maire* ; JOUET, *secrétaire-greffier*.)

« Le 25 janvier 1794, Grignon arrive dans la paroisse du Pin, près de Châtillon. — Vingt habitants, environ, se portent à sa rencontre ; ils le supplient de ne pas brûler leur village et d'accepter le repas qu'ils ont préparé pour lui et sa colonne. — Grignon se met à table ; lorsqu'il a dîné, il ordonne d'attacher avec des cordes ceux qui l'ont si cordialement reçu ; ils sont traînés dans un champ voisin, et, sur un signe de cet homme, *tous sont égorgés à coups de sabre et de baïonnette.* »

AMEY.

Procès-verbal adressé à la Convention.

« Chaque jour, nous avons donné des renseignements

au génénal *Amey*, et nous n'avons pu le décider à aller reconnaître les brigands, même une seule fois, soit à *Bazoges*, soit à *Beaurepaire*, soit à la *Gaubretière*, où ils s'étendaient de jour en jour. — Il nous a fallu souffrir la douleur de le voir occuper son armée à *dépouiller les maisons mêmes des patriotes*, dans les campagnes des *Herbiers.* »

12 pluvióse an II.

« Dans une distance de trois lieues, rien n'est épargné : les *hommes,* les *femmes,* les *enfants même à la mamelle*, les *femmes enceintes,* tout périt par les mains de sa colonne. En vain de *malheureux patriotes, leurs certificats de civisme à la main,* demandent la vie à ces forcenés ; ils ne sont pas écoutés ; on les égorge. — Pour achever de peindre les forfaits de ce jour, il faut dire que *les foins ont été brûlés dans les granges, les grains dans les greniers, les bestiaux dans les étables,* et quand de malheureux cultivateurs, *connus* de nous *par leur civisme,* ont eu le malheur d'être trouvés à délier leurs bœufs, il n'en a pas fallu davantage pour les faire *fusiller*. . . . .

» Un fait qui prouve que l'*amour du vol et de l'infâme rapine entre jusque dans l'âme des généraux,* est celui-ci : Le 13, un volontaire vole au nommé *Rouillard*, dit *Morin*, sept cent vingt-six livres en numéraire et une tasse en argent. Le soldat est reconnu et convient du fait ; l'argent est déposé aux mains du général *Amey,* en présence du commandant de la place ; ils le partagent entre eux, en disant que ce Rouillard était un aristocrate et un vrai brigand. La municipalité oppose l'assertion du contraire, affirme le *civisme* de ce citoyen ; les généraux sont donc forcés de lui rendre justice. Mais qu'ont-ils fait ? Ils lui échangent son *numéraire*, qu'ils lui retiennent, contre des *assignats* qu'ils lui donnent ; encore lui ont-ils retenu *dix livres*, soi-disant pour *frais de garde.* . . . .

. . . . , ...

» Nous devons observer que la commune des Herbiers avait été entièrement purgée de tous les aristocrates, et, aux horreurs que nous avons décrites, nous devons ajouter que *les filles ont été violées, les femmes ont été dépouillées de leurs vêtements,* leurs mouchoirs enlevés, leurs anneaux arrachés. — Les *portefeuilles* de tous les individus *ont été pris.* Tous les volontaires allaient dans les métairies prendre les chevaux, moutons et volailles de toute espèce. Ils ont porté l'insulte jusqu'à nous frapper.

» Les officiers municipaux des Herbiers,

» *Signé* : MARUTEAU, *maire*; JOUET, *secrétaire-*
» *greffier.* »

COMMAIRE.

Plainte à la Convention.

« Après le général *Grignon*, nous espérions, citoyens, que nos cantons ne seraient plus couverts de sang et incendiés. — Nous avons, de nos propres mains, tué tous les brigands qui étaient dans nos parages ; mais Grignon avait donné l'*incivique exemple* du massacre des patriotes; on l'avait vu, par passe-temps et pour essayer le tranchant de son sabre, *couper en deux des enfants à la mamelle* : il appelait cela *une distraction patriotique*. — Commaire (général de l'Armée infernale) a été plus loin ; il en a fait une loi. — Nous le voyons chaque jour prendre les *premiers enfants venus*, fils de *républicain* ou de *brigand*, peu lui importe ; il les saisit par une jambe et les *fend par moitié, comme un boucher fend un mouton.* — Les soldats *en font autant.* — Si les autorités veulent réclamer, on les menace d'être fusillées ; et nous vous écrivons ceci afin que tous ces malheurs finissent.

> » Les officiers municipaux d'AIZENAY, de PALLUAU
> » et de LA ROCHE-SUR-YON. »

HUCHET.

De Fontenay-le-Peuple. — A la Convention.

« Nos premières sentinelles, les avant-postes que nous opposions à nos ennemis n'existent plus. — *Les patriotes des parages de Saint-Hermine, les postes de Simon-la-Vineuse, la Rhéorte, etc., ne sont plus que des monceaux de cendres.*

» Les ordres barbares du scélérat *Huchet*, général à Luçon, sont des attentats les plus formels à la chose publique.

» Envoyé, dit-il, par le général en chef TURREAU, pour *incendier*, *massacrer* tel pays duquel il ne connut jamais ni les principes ni les habitants, ni la position territoriale, cet homme, *plus que suspect*, tourne les armes de son pays (peut-être n'en eut-il jamais) *contre son pays même;* le détail circonstancié peut vous en être transmis par les autorités constituées de Luçon.

» L'alarme universelle est répandue dans toutes les âmes ; nos derniers moments n'ont qu'un cri, celui de faire entendre à la République entière que, dans notre *pays libre,* les droits de l'homme et du citoyen sont outragés par un monstre dont la conduite (nous devons le dire) surpasse celle du *cruel Néron.* — Hâtez-vous de demander aux autorités constituées de Luçon les crimes qu'elles peuvent reprocher à ce monstre.

» Elles vous diront qu'*il a voulu faire massacrer et fusiller ces mêmes autorités.*

» Elles vous diront *que ce monstre a fait détruire un officier de santé dont le coup d'œil lui déplaisait.*

» Elles vous diront qu'il a voulu forcer une fille vertueuse à aller dans le jardin de la maison qu'il habite, lui chercher de la salade, et où était un cadavre détruit par ses ordres, en lui disant : « *Coquine, si tu n'y vas pas, je* » *t'attacherai les mains, je te violerai sur le cadavre et te* » *ferai fusiller après.* »

» Elles vous diront que *ce monstre, ennemi de l'humanité, a fait commencer son incendie par les communes les plus près de Luçon.....*

» Elles vous diront que ce prétendu défenseur de la liberté *a fait brûler, quoique très-éloignés de l'ennemi, plus de cent tonneaux de blé et tous les nombreux fourrages de ces mêmes communes libres.*

» Les membres du comité de surveillance révolutionnnaire,

> » *Signé* : Denfer, *président;* J.-H. Gaspard,
> » Lambert, Bidal, Rondart, Gourly,
> » Constantin et Guergaine. »

« Qui n'a pas entendu parler des cruautés du général de brigade qui a commandé à Luçon (c'est *Huchet*) ? Un chirurgien de l'armée est fait prisonnier par *Charrette* et emmené dans le Bocage ; on lui laisse la vie à la condition qu'il pansera la blessure de ce chef, atteint d'un coup de feu au bras. — Fatigué de suivre les royalistes, il épie l'occasion de s'échapper, la trouve et la saisit. — De retour parmi les républicains, il expose ses malheurs, la perte de ses effets et la détresse de sa famille : il intéresse et obtient un emploi pour l'hôpital de Luçon. — Il apprend qu'un général commande dans la place ; il lui fait visite : le général l'accueille avec bienveillance et l'invite à déjeuner ; le chirurgien accepte. — Au milieu du repas, le général lui demande d'où il vient : le malheureux raconte ses aventures..... Alors *Huchet* fronce le sourcil, se lève et, transporté de rage, lui dit : « *Comment, tu as été le* » *maître de tuer ce chef de brigands et tu ne l'as pas fait !* » *Va, tu n'es qu'un brigand toi-même et tu périras.* » — Aussitôt il fait appeler quatre fusiliers qui le saisissent ;

il leur donne son mot. — L'infortuné pàlit et veut balbutier quelques paroles pour sa défense ; on l'emmène dans le jardin contigu à la maison du général ; *on le fusille, on le dépouille, on l'enterre.* — Pendant ce temps-là le général *continuait son déjeuner.* »

(Extrait des *Mémoires relatifs à la Révolution française.*)

TURREAU.

A la Convention. — Le 4 germinal an II.

« C'est avec désespoir que nous écrivons ; mais il est urgent que tout ceci cesse. — *Turreau* prétend avoir des ordres pour *tout anéantir, patriotes* ou *brigands* ; il confond tout dans la même proscription.

» A *Montournais,* aux *Epesses,* et dans plusieurs autres lieux, *Amey* fait allumer les fours, et lorsqu'ils sont bien chauffés, il y jette *les femmes et les enfants.* Nous lui avons fait des représentations convenables ; il nous a répondu *que c'était ainsi que la République voulait faire cuire son pain.*

» D'abord, on a condamné à ce genre de mort les femmes *brigandes,* et *nous n'avons trop rien dit* ; mais aujourd'hui les cris de ces misérables ont *tant diverti* les soldats et *Turreau* qu'ils ont voulu continuer ces plaiširs. Les *femelles* de royalistes manquant, ils *s'adressent aux épouses des vrais patriotes.* Déjà à notre connaissance, *vingt-trois* ont subi cet horrible supplice, et elles n'étaient, comme nous, coupables que d'*adorer la nation*. La veuve *Pacaud,* dont le mari a été tué à *Châtillon* par les brigands lors de la dernière bataille, s'est vue avec *ses quatre petits enfants, jeter dans un four*. Nous avons voulu interposer notre autorité; les soldats nous ont menacés du même sort.

» *Signé :* MOREL ET CARPENTY,

» Commissaires municipaux à la suite des colonnes infernales. »

CORDELIER.

« A *Clisson,* le château féodal du vieux connétable abrite dans la *salle des archives* plus de trois cents paysans qui s'y sont réfugiés avec leurs femmes et leurs enfants. Ils ont ainsi cru pouvoir se soustraire aux assassinats. Un ordre est donné par *Cordelier :* Cordelier veut qu'on *égorge* ce troupeau de victimes sans défense. Les bleus viennent les saisir. Ils allaient les fusiller ; mais par un raffinement de cruauté, ils se décident à leur faire subir une mort plus cruelle.

» Dans une cour intérieure du château se trouve une *large citerne : on y jette pêle-mêle tous ceux qui se rencontrent sous la main.* Peu à peu la citerne se remplit ; alors la révolution s'arrange afin de ne laisser aux trois cents Vendéens que la place nécessaire pour souffrir et étouffer. *On les étend, on les couche les uns sur les autres* comme des marchandises déposées en magasin ; puis, lorsque le puits regorgea de ces hommes et de ces femmes destinés à une mort affreuse, la *Marseillaise* et le *Ça ira* vinrent mêler leurs sanglantes farandoles aux cris de désespoir qui s'échappaient de la citerne. Des ouvriers furent appelés ; on *en mura l'entrée*, et pendant cet horrible travail les *bleus dansèrent* pour étouffer dans leurs cris d'horrible joie les angoisses et le dernier soupir de tant de malheureux. »

(Extrait de l'*Histoire de la Vendée militaire*.
par J. Crétineau-Joly. — Vol. II, page 48.)

L'ARMÉE INFERNALE

JUGÉE PAR LES RÉVOLUTIONNAIRES.

Rapport à la Convention.

« Le *pillage a été porté à son comble*. Les militaires, au lieu de songer à ce qu'ils avaient à faire, n'ont pensé qu'à remplir leurs sacs et à voir se perpétuer une guerre aussi avantageuse à leur intérêt.... L'habitude de piller a étendu les effets de cette disposition coupable *jusque sur les patriotes*, et les richesses de ceux-ci sont devenues mille fois la proie de l'homme envoyé pour les défendre.

» Les délits ne se sont pas bornés au pillage. Le *viol* et la *barbarie* la plus outrée se sont représentés dans tous les coins. On a vu des militaires républicains *violer des femmes rebelles sur des pierres amoncelées le long des grandes routes, et les fusiller ou les poignarder en sortant de leurs bras ; on en a vu d'autres porter des enfants à la mamelle au bout de la baïonnette ou de la pique qui avait percé du même coup et la mère et l'enfant.* Les re-

7.

belles n'ont pas été les seules victimes de la brutalité des soldats et des officiers. Les filles et les femmes des *patriotes même* ont été souvent *mises en réquisition*: c'est le terme....

» *On a fusillé indistinctement* tout ce que l'on rencontrait ou tout ce qui se présentait. Des communes venant se livrer, *leurs officiers municipaux en écharpe* à leur tête, ont été reçues avec une apparence fraternellet et *fusillées* sur l'heure !

» Des cavaliers armés et équipés, venus d'eux-mêmes se rendre au milieu de nous et après avoir fait plusieurs lieues pour cela, ont été fusillés sans miséricorde....

» *Signé* : LEQUINIO,
» Représentant du peuple. »

Procès-verbal signé des membres du Comité de surveillance de la société populaire de Fontenay.

« Devant nous a comparu la citoyenne *Marianne Rustaud*, de la commune du *petit-bourg des Herbiers*, qui a déclaré que lorsque les volontaires de *l'Armée infernale* sont arrivés chez elle, elle fut au-devant d'eux pour leur faire voir un certificat qu'elle avait du général *Bard*, et leur offrir à se rafraîchir ; mais que ceux-ci, plus furieux que des tigres, lui ayant répondu qu'ils en voulaient *à sa bourse et à sa vie*, lui ôtèrent environ quarante-deux livres, seul argent qu'elle avait. Non contents de cela, ils l'obligèrent, en la menaçant, de rentrer chez elle pour leur montrer l'endroit où elle pourrait en avoir caché. Dès qu'elle fut entrée, quatre d'entre eux la prirent et la tinrent, tandis *qu'au moins vingt de leurs camarades assouvirent leur brutale passion sur elle, et la laissèrent presque nue.* Après quoi ils *furent mettre le feu* dans les granges ;...... ce que voyant, la *déclarante se rendit auprès de sa mère, âgée d'environ soixante-dix ans, lui trouvant un bras et la tête coupés*, après lui avoir pris environ neuf cents livres, seul produit de ses gages et de leur travail....

» Et a déclaré ne pas savoir signer. »

Rapport à la Convention.

« Les généraux, loin de se battre, *ont été battus* ; au lieu de *respecter les propriétés*, ils *ont pillé, volé, saccagé de toutes parts, indistinctement....*

» *Les volontaires, suivant l'exemple des généraux, prenaient le reste, tuaient les hommes, violaient les femmes et les filles et les poignardaient ensuite.* — Ils ont fait plus : *ils ont immolé une municipalité entière, revêtue de l'écharpe tricolore.* Dans un petit village habité par environ cinquante bons patriotes qui avaient toujours résisté à l'oppression brigandine, on apprend que des frères d'armes viennent porter des secours aux patriotes et les venger de tous les maux qu'ils avaient soufferts ; on leur prépare un banquet civique et *fraternel.* La colonne arrive, leur *donne l'accolade, mange les vivres de ces malheureux*, et aussitôt après le repas, ô barbarie inouïe ! ils les emmènent dans un cimetière, et là on *les poignarde les uns après les autres.*

» Signé : FAURÈS,

» Vice-président de la commission militaire à Fontenay. »

« On ne sera plus étonné que des hommes qui se sont livrés à ces excès de barbarie *aient porté des enfants au bout de leurs baïonnettes, et qu'ils en aient brûlé d'autres dans leurs berceaux ; qu'ils aient violé et ensuite égorgé des femmes sur les autels*, et qu'avec la pointe de leurs sabres ils aient gravé ces actions infâmes sur la pierre teinte du sang de leurs victimes.

» J'ai vu et lu une inscription de ce genre dans la chapelle du château de la Salle, près Machecoul. On n'a pas d'expression pour peindre toutes les horreurs que l'indiscipline, la licence et l'irréligion ont fait commettre dans ce temps de vertige et de fureur. »

(Extrait des Mémoires relatifs à la Révolution française.)

VII.

Les Massacres de septembre.

« Le 2 septembre ! — Quel jour !

» Qui réclame cette exécrable propriété ?

» Peut-on le demander ?

» C'est sous les yeux d'une assemblée, d'un sénat national, composé de sept cent cinquante individus, *que l on égorge pendant trois jours...*

» Sept cent cinquante hommes sont là ; ils s'intitulent les dépositaires des lois ; et, pendant trois jours, ils *laissent en silence violer toutes les lois sacrées de l'humanité.*

» Sans doute, les massacres de la *Glacière d'Avignon* furent affreux, mais du moins ils se passèrent à cent cinquante lieues de l'Assemblée constituante...

» Ici, quelle différence !... *Les grands, les vrais coupables étaient dans le Corps législatif, parmi les ministres, au sein de la Commune surtout, qui dépêcha des commissaires dans les départements pour y répéter ces scènes sanglantes!*

» Permit-on quelque accès à la vérité et à la justice ? — *On n'a pas oublié que le Comité civil de la section de l'Unité faillit être assassiné pour avoir voulu s'opposer à l'égorgement des premières victimes et pour avoir eu le courage d'en sauver quelques-unes* (1).

» Prudhomme,
« Membre de la Convention nationale. »

(1) *Dictionnaire des crimes de la Révolution.* Vol. Ier.

Discours de Billaud-Varenne, membre du Comité de salut public et de la Convention nationale, aux septembriseurs !

« Le 2 septembre 1793.

» Mes amis , mes bons amis , la Commune m'envoie
» pour vous représenter que vous déshonorez *cette belle*
» *journée.* — On lui a dit *que vous voliez* ces coquins d'a-
» ristocrates après en avoir fait justice.

» Laissez , laissez tous les bijoux , tout l'argent et tous
» les effets qu'ils ont sur eux pour les frais du *grand acte*
» *de justice que vous exercez.* — *On aura soin de vous*
» *payer comme on est convenu.* — Soyez nobles, grands
» et généreux comme la profession que vous remplissez ;
» — *que tout dans ce grand jour soit digne du peuple*
» *dont la souveraineté vous est commise.*»

Après de tels aveux ,
Est-il permis de douter?
Est-il permis de rester calme ?
Est-il permis de ne pas maudire ?

VIII.

Le Nivellement des classes.

On croit assez volontiers qu'à travers crimes et brigandages, c'était le *nivellement des classes* que poursuivaient avec tant d'acharnement les exécrables tribuns révolutionnaires.

C'est une erreur à détruire.

Le nivellement des classes était le prétexte. Le but réel, c'était la *dépopulation générale*, la *destruction humaine*.

Oui ! il existait ce plan horrible, incroyable, jusqu'alors inouï dans l'histoire. « Il n'était pas chimérique, il était
» visible ; *les chefs d'opinion ne voulaient régner que sur
» des déserts*, et, à l'examen des lois, on reconnaîtra sans
» peine qu'elles étaient prononcées *contre la très-grande
» majorité* des habitants de la France.

» Par le dispositif vague de ces lois de sang, *tous les
» citoyens se trouvaient enveloppés dans la proscription.
» Vertus, talents, renommée, estime publique, éclat,
» obscurité*, rien ne mettait à l'abri de leur atteinte...

» Encore quelques jours, et *tous les citoyens*, je dis *tous*,
» eussent été les victimes de l'atroce délire de cette exé-
» crable phalange de Nérons... *Ils n'exceptaient pas même
» leurs détestables agents, les juges de leurs tribunaux,
» les exécuteurs de leurs assassinats, et ne voulaient souf-
» frir sur la terre que l'élite des grands criminels* !

» Et comment douter de ce dessein monstrueux, quand,
» dans le nombre des guillotinés, on trouve *deux mille*

» *femmes ou filles*, sans compter *les milliers de malheu-*
» *reuses égorgées, noyées, fusillées, massacrées, mitrail-*
» *lées dans la Vendée, Lyon...*, et un nombre considérable
» qui ont péri par suite de *grossesse*, de *maladies*, ou *au-*
» *trement* (1)? »

Il est vrai de dire que la justice avait été bannie de la
France, que Dieu était poursuivi jusque dans ses temples,
que la vertu méprisée n'avait plus d'autre refuge que l'é-
chafaud...

O Voltaire ! ô Rousseau ! qu'avez-vous fait ?

(1) Extrait du *Dictionnaire des crimes de la Révolution*, par le
conventionnel PRUDHOMME.

IX.

Dénombrement des victimes.

GUILLOTINÉS A PARIS.

Ci-devant nobles........................	1,278
Femmes —	750
Femmes de laboureurs et d'ouvriers......	1,467
Religieuses............................	350
Prêtres.	1,135
Hommes non nobles et de divers états....	13,633
Total.	18,613
Femmes mortes par suite de couches pré-maturées............................	3,400
Femmes enceintes.....................	348
Total.	3,748

TUÉS ET SUPPLICIÉS EN VENDÉE.

Femmes............................	15,000
Enfants............................	22,000
Hommes............................	900,000
Total.	937,000

SUPPLICIÉS A NANTES.

Enfants fusillés.....................	500
— noyés.........................	1,500
A reporter.....	2,000

Report....	2,000
Femmes fusillées.....................	264
— noyées.....................	1,590
Prêtres fusillés.....................	300
— noyés.....................	400
Nobles noyés.....................	1,400
Artisans noyés.....................	5,300
Total...............	11,254

GUILLOTINÉS, FUSILLÉS ET FOUDROYÉS.

A Lyon.....................	31,000
A Marseille.....................	729
A Toulon.....................	14,325
Total...............	46,054

RÉCAPITULATION.

Victimes à Paris.....................	18,613
— Femmes.....................	3,748
— en Vendée.....................	937,000
— à Nantes.....................	11,254
— à Lyon, Marseille et Toulon.....	46,054
Total...............	1,016,669

Total : un million seize mille six cent soixante-neuf victimes !

Sans compter les malheureux massacrés à *Versailles,* aux *Carmes,* à l'*Abbaye,* à la *Glacière d'Avignon*; les suppliciés de *Moulins*, de *Feurs*, et les égorgés de la petite ville de *Bedoin*, dont la population périt tout entière.

Un million seize mille six cent soixante-neuf victimes!

Quoi de plus éloquent que de pareils chiffres ?

Comme compensation , le conventionnel *Cambon* nous apprend que les pourvoyeurs de la guillotine ne coûtaient pas plus de 591,300,000 francs par an.

Ce n'était pas tout à fait de la *justice gratuite,* mais c'était une justice si *expéditive !*

X.

Confession de la Convention.

« Peuple souverain, nous n'avons pas toujours été dignes
» de te représenter ; il s'est trouvé parmi nous de grands
» criminels ; mais nous sommes responsables collective-
» ment des crimes individuels de nos collègues, commis
» au nom des lois que nous avons faites.

» *Oui, peuple souverain, les torrents de sang que tu as*
» *versés ont rejailli sur nous. Si tu avais toujours imité*
» *nos exemples, tu te serais détruit toi-même tout entier.*
» *Nous avons tout fait pour* TE TROMPER, TE DÉMORALISER,
» TE RENDRE FÉROCE.   .   .   .   .

.   .   .   .

» Nous avons *décr té de tout brûler, d'égorger tout le*
» *monde, sans commisération,* dans les départements in-
» surgés de la Vendée et autres ; par ce moyen, nous avons
» *prolongé cette guerre affreuse.* Nous avons à nous re-
» procher le meurtre d'un million d'individus, tant hommes
» que femmes et enfants, de part et d'autre. Nous avons
» envoyé dans la Belgique des commissaires *qui ont fait*
» *détester le nom français par leurs brigandages.*

» C'est nous qui avons établi les commissions militaires
» pour condamner les rebelles, *moyen adroit pour confondre*
» *les innocents, et les hommes trompés ou égarés.* Ne trou-
» vant pas assez d'énergie dans ces juges ou bourreaux,
» nous les avons remplacés par une commission tempo-

» raire. Celle-ci a parfaitement répondu à nos vues, car
» son premier coup d'essai fut d'en expédier 209 à la fois.
» Il est vrai que nous avons choisi les jacobins de Paris, les
» plus énergiques, pour aller faire ces expéditions, d'après
» l'invitation de notre digne collègue *Collot d'Herbois*.

» Nous n'avions pas décrété les mitraillades, ainsi que
» les noyades et mariages républicains de Nantes ; *pour ré-*
» *parer cette omission involontaire, nous avons ordonné*
» *la mention honorable des noyades, et approuvé la con-*
» *duite de nos collègues à Lyon.*

» Et pour la *destruction* de cette ville, nous avions choisi
» pour remplir une si digne mission, nos collègues *Collot*
» *d'Herbois, Couthon, Maignet, Méaulle, Albite, Rey-*
» *naud, Châteauneuf-Randon, Delaporte, Nioche, Gau-*
» *thier*, les prêtres *Fouché de Nantes*, et *Bassal*, tous ja-
» cobins, et *Dubois de Crancé*, pour le siége.

» Nos collègues *Fréron, Barras, Salicetti, Gasparin, Ro-*
» *bespierre* jeune et le général *Delapoype,* beau-père de
» *Fréron,* se sont chargés de faire *fusiller huit cents indi-*
» *vidus à Toulon, guillotiner tous les fédéralistes de Mar-*
» *seille*, ainsi que de faire *démolir les plus beaux monu-*
» *ments de cette ville, et d'ensanglanter tout le Midi.*

» *Tallien, Beaudot*, et le prêtre *Isabeau,* se sont char-
» gés de faire guillotiner à Bordeaux, dans le département
» de la Gironde, tous les fédéralistes, aristocrates, enne-
» mis de la journée du 31 mai, anti-maratistes, tous ceux
» qui parleraient mal du gouvernement révolutionnaire, et
» ceux qui nous aviliraient.

8.

» Vous voyez que nous avions sur toute la surface de la
» France nos *Carriers* et nos *Lebons,* pour activer nos
» *boucheries.* Ce sont les *Comités de salut public* et de
» *sûreté générale,* notre ouvrage, *qui étaient chargés de*
» *surveiller, d'organiser* toutes les commissions *révolu-*
» *tionnaires, populaires* et *militaires.*

» Beaucoup de ces tribunaux étaient composés, d'*après*
» *nos instructions,* d'hommes *faciles à tromper,* ou *féroces*
» qui, *dans des orgies s'amusaient à calculer combien de*
» *victimes ils pourraient faire par jour.*

» Tous ces faits étaient dénoncés à notre Comité de salut
» public, ainsi que les atrocités de nos proconsuls. Eh
» bien ! nos comités, *au lieu de réprimer de pareilles hor-*
» *reurs, confirmaient la conduite des agents du crime et les*
» *applaudissaient !* . . . . , . . .
» . . . .

» Nos proconsuls des départements, d'accord avec les
» membres de nos Comités de salut public et de sûreté gé-
» nérale, INVENTAIENT ou *découvraient* toutes les conspira-
» tions et dépêchaient les individus à notre tribunal révo-
» lutionnaire de Paris, qui jugeait, *ou pour mieux dire,*
» *envoyait à la mort sans examen.* . . . .
» . . . .

» Ce sont nos Comités *qui donnèrent l'ordre de con-*
» *struire des milliers de bastilles pour te punir, peuple*
» *souverain, d'en avoir abattu une, le 14 juillet*
» *1789.*

» C'est pour parvenir plus facilement à les remplir que

» nous avons fait les lois sur les suspects, et décrété que
» le dénonciateur était un homme vertueux, qu'il méritait
» bien de la patrie.

» C'est donc à nous qu'on est redevable d'avoir entendu
» les enfants dénoncer leurs pères, les pères dénoncer leurs
» enfants; des maris, leurs femmes; les femmes, leurs maris;
» l'homme de confiance, son bienfaiteur; le débiteur, son
» créancier : aussi nos bastilles, en peu de temps, furent-
» elles encombrées; hommes, femmes, enfants, octogé-
» naires, *tout était bon pour ne pas laisser manquer de
» besogne à nos bourreaux judiciaires*. Plusieurs même
» de nos proconsuls remplissaient les écuries de victimes,
» les attachaient à des râteliers, et poussaient la barbarie
» jusqu'à vouloir leur faire manger leurs *excréments* . .
» . . . .

» *Nous avons cru devoir faire guillotiner tous les sa-
» vants et tous les grands artistes, dans l'espoir de ré-
» gner plus facilement sur* L'IGNORANCE *et par* L'IGNORANCE.

» C'était notre collègue *David*, le peintre, et membre
» du Comité de sûreté générale, *qui s'était chargé de pour-
» suivre à toute outrance les artistes* ; il leur fit une guerre
» à mort : *Robespierre* et ses collègues *poursuivaient les
» gens de lettres; chacun de nous avait sa partie de crimes
» à commettre.*

» C'est sous nos yeux que nos Comités de salut public
» et de sûreté générale *organisaient* les conspirations dans
» les maisons d'arrêt de *Paris,* telles que le *Luxembourg*,
» les *Carmes, Port-Libre...*, et ces *soixante-quinze* mal-

» *heureux* détenus à *Bicêtre*, qui s'étaient avisés de con-
» spirer contre nous, *de vouloir arracher notre cœur, le*
» *faire griller et le manger.*

» Ici, le ridicule touche à l'atrocité.

» Il ne faut pas non plus que nous oubliions la fameuse
» conspiration de *Saint-Lazare*, découverte par notre col-
» lègue Léonard Bourdon, l'*assassin* de neuf pères de fa-
» mille d'*Orléans.*

» Ce sont aussi nos Comités qui ont découvert la conspi-
» ration de *Batz* et de l'étranger, pour l'assassinat de
» *Collot d'Herbois* et de *Robespierre*, et c'est notre col-
» lègue *Élie Lacoste* qui nous en fit un rapport. — Nous
» avons décrété de suite que soixante individus, hommes,
» femmes et filles de dix-sept ans, qui ne s'étaient *jamais vus*
» *ni connus,* seraient traduits au tribunal révolutionnaire.
» . . . .

» Nous avons cru devoir ne pas donner de suite à l'acte
» d'accusation contre *Collot, Billaud* et *Barrère,* dans
» la crainte trop bien fondée qu'ils ne parvinssent à prou-
» ver que nous avions *partagé* leurs crimes ; en consé-
» quence, nous les avons condamnés à la déportation :
» *entre eux, les brigands se ménagent.* »

Voilà de grands aveux, *ils sont sincères !...*

La France, en nommant la Convention, *a produit une*
monstruosité qui fait frémir la nature.

Prudhomme,

Membre de la Convention.

(*Dictionnaire des crimes de la Révolution*. Vol. Ier.

XI.

Le Règne des Rouges

JUGÉ PAR UN MONTAGNARD ET PAR UN GIRONDIN.

« O mon pays! es-tu libre? Telle est la question que l'homme de bien se fait à lui-même, en parcourant cette terre toujours humectée du sang de ses habitants ; cette patrie où les débris des monuments gisent épars à côté des cadavres ; cette France jadis si peuplée, si magnifique, aujourd'hui changée en un désert, et couverte du crêpe des tombeaux. . . . .

. . . .

» Par quelle fatalité le peuple fut-il à la merci d'une *horde de brigands?* Qu'avait-il fait pour mériter cette honteuse destinée ?..... On a vu des monstres sur le trône, on a vu le sénat de Rome vomir des Appius ; mais ce que l'on n'avait point vu, ce que l'on ne reverra sans doute jamais, c'est le génie du crime, convoquant tous les pervers disséminés dans la foule d'une nation immense, les attachant pour ainsi dire les uns aux autres, fondant ensemble tous les éléments de la scélératesse, tous les amalgames de la férocité, pétrissant de cette fange impure le colosse énorme de la destruction, l'animant du feu des enfers, couvrant son front du diadème des rois, ses épaules de la toge sénatoriale, son corps de l'airain de la guerre, et livrant à ce monstre jusqu'alors inouï les richesses, les champs, les villes, les provinces, l'empire et les hommes.

. . . .

» Les journées de septembre enfantèrent la Convention nationale. Elle fut composée d'hommes *ineptes, insouciants, scélérats, chauds partisans, complices,* et qui, pourrait le le croire ! *acteurs* même de ces effroyables journées ; de ces hommes qui, pour arriver à la chaise curule, feignaient pour la liberté un enthousiasme démesuré dans les clubs, dans les sections, dans les assemblées *primaires, mentaient* au peuple sur ses plus chers intérêts, portaient sur leur front : *Amour de la patrie,* écrit en caractères de sang, et *bâtissaient sur la permanence des massacres la permanence de leur insolente et future grandeur.*

» Paris, célèbre par tous les genres de splendeur, ne dégénéra point de sa destinée , par la splendide et scélérate composition de son corps électoral.

» *D'Orléans, Marat, Robespierre, Collot d'Herbois, Billaud-Varenne,* et *tant d'autres,* telle fut l'inconcevable réunion que la première ville du monde chargea du soin de lui choisir des législateurs.

» Une députation exécrable devait naturellement sortir d'un *corps électoral aussi monstrueux.* Les départements ne furent pas plus fortunés, et l'on frémira, lorsque l'histoire que nous avons entreprise fera connaître dans tous ses détails *l'immoralité et la turpitude de cette foule de brigands,* qui, sous le nom *usurpé* et *anti-social* de *repré-sentants du peuple,* ont *désolé* la France. . . . .

» *Tout* fut mis en usage pour *tromper,* étonner, *effrayer* les départements : *lois sanguinaires, constructions de milliers de bastilles, listes de proscriptions, tortures, supplices, échafauds.* . . . .

» Que le lecteur suive exactement les différents motifs de condamnation : il se convaincra de la *barbarie* des *directeurs de la destruction du genre humain* ; il observera que sous les yeux de la Convention nationale, on s'est constamment servi partout des mêmes individus pour remplir les fonctions de juges et de jurés, ainsi que pour celles des membres du Comité de salut public et de sûreté générale. . . . .

» On *frémira* lorsque l'on connaîtra les différents *moyens* employés par les Comités du gouvernement pour se procurer des victimes. . . . .

. . . .

» *Il faut enfin que le peuple connaisse ses bourreaux* et les chefs de ses bourreaux ; leur faste asiatique, leurs orgies et leurs toasts à la liberté ne les sauveront pas du grand jour.

» Nous pénétrerons, sur les pas de l'histoire, *dans l'enceinte de la Convention et des corps législatifs. C'est là* que nous trouverons des *chefs d'égorgeurs,* de *démolisseurs,* de *mitrailleurs,* de *fusilleurs,* de *noyeurs,* de *brûleurs,* de *voleurs,* de *dilapidateurs. C'est de là qu'au nom de la liberté, nous verrons ordonner tous les forfaits, commander toutes les boucheries, prescrire tous les ravages.* C'est de là que sortait l'*embrasement universel,* au lieu d'y trouver le régulateur des mouvements patriotiques.

» Il faut que la postérité sache par quel ordre on envoyait des *milliers de victimes à Paris,* par quel ordre on avait construit des *milliers de bastilles,* par quel ordre on jetait à la rivière des *milliers de cadavres,* par quel ordre on avait mis en activité *plus de cent guillotines,* par quel ordre on *fusillait,* par quel ordre on *démolissait, incendiait,* par quel ordre on avait fait de la France une *vaste boucherie!*... . . . .

» PAR LES ORDRES DE LA CONVENTION ET DE SES COMITÉS !...

. . . .

» Citez-nous, s'il se peut, pour exemple, une nation chez laquelle on ait pendant deux ans, *égorgé des femmes* et *des filles de dix-sept ans* ; une nation où une armée de proconsuls se soit promenée pendant deux ans, en traînant l'échafaud en triomphe ; où les assassins dans les places publiques, les sociétés populaires dans les temples, aient dit : « *Il faut chaque jour un bain de sang à la liberté ; on n'en saurait trop verser pour la Constitution de 1793 ;* » où les législateurs sur leur siége, et les bourreaux sur les charrettes, *célébrassent pendant deux ans la fête des Massacres.*

» *Nous citerez-vous les crimes de la monarchie?*..... *Il n'y a eu qu'un Louis XI en onze siècles ;—en deux ou trois années seulement, nous en avons eu trois ou quatre cents.*

» PRUDHOMME ,
» Membre de la Convention. »

« Les femmes les plus belles, les plus jeunes, les plus » intéressantes, tombaient pêle-mêle dans ce gouffre (*l'Ab*

» *baye*), dont elles sortaient pour aller, par douzaines,
» inonder l'échafaud de leur sang.

» On eût dit que le gouvernement était dans les mains
» de ces hommes dépravés, qui, non contents d'insulter
» au sexe par des goûts monstrueux, lui vouaient une
» haine implacable.

» De jeunes femmes enceintes, d'autres qui venaient
» d'accoucher et qui étaient encore dans cet état de pâ-
» leur et de faiblesse qui suit ce grand travail de la na-
» ture, qui serait respecté par les peuples les plus sauva-
» ges ; d'autres dont le lait s'était arrêté tout à coup, ou
» par frayeur ou parce qu'on avait arraché leurs enfants
» de leur sein, étaient, jour et nuit, précipitées dans cet
» abîme. — Elles arrivaient traînées de cachots en ca-
» chots, *leurs faibles mains comprimées dans d'indignes*
» *fers ; on en a vu qui avaient un collier au cou.*

» Elles entraient, les unes évanouies et portées dans
» les bras des guichetiers, qui en riaient ; d'autres en état
» de stupéfaction qui les rendait comme imbéciles.....

» *Vers les derniers mois, surtout (avant le 9 thermi-*
» *dor), c'était l'activité des enfers : jour et nuit, les ver-*
» *rous s'agitaient ; soixante personnes arrivaient le soir*
» *pour aller à l'échafaud ; le lendemain, elles étaient*
» *remplacées par cent autres que le même sort attendait*
» *le jour suivant.*

» *Quatorze jeunes filles de Verdun*, d'une candeur sans
» exemple et qui avaient l'air de jeunes vierges préparées
» pour une fête publique, furent menées ensemble à l'é-

» chafaud. Elles disparurent tout à coup et furent mois-
» sonnées dans leur printemps.

» La cour des femmes avait l'air, le lendemain de leur
» mort, d'un parterre dégarni de ses fleurs par un orage.
» Je n'ai jamais vu parmi nous de désespoir pareil à celui
» qu'excita cette barbarie.

» *Vingt femmes du Poitou, pauvres paysannes pour la*
» *plupart,* furent également assassinées ensemble. Je les
» vois encore, ces malheureuses victimes ; je les vois éten-
» dues dans la cour de la Conciergerie , accablées de la
» fatigue d'une longue route , et dormant sur le pavé.....
» Au moment d'aller au supplice, on arracha du sein d'une
» de ces infortunées un enfant qu'elle nourrissait et qui,
» au moment même, s'abreuvait d'un lait dont le bourreau
» allait tarir la source.

» O cris maternels, que vous fûtes aigus ! mais sans ef-
» fet..... Quelques femmes sont mortes dans la charrette ,
» et on *a guillotiné leurs cadavres !*.....

» N'ai-je pas vu, peu de jours avant le 9 thermidor,
» d'autres femmes traînées à la mort?..... Elles étaient
» déclarées enceintes..... Et ce sont des hommes, des
» Français, à qui leurs philosophes les plus éloquents
» prêchent, depuis soixante années, l'humanité et la tolé-
» rance !

» Déjà *un aqueduc immense, qui devait voiturer du*
» *sang humain, se puisait par seaux, et quatre hommes*
» *étaient occupés, au moment de l'exécution, à les vider*
» *dans cet aqueduc.....*

» C'était vers trois heures après midi que ces longues
» processions de victimes descendaient au tribunal et tra-
» versaient lentement, sous de longues voûtes, au milieu
» des prisonniers, qui se rangeaient en haie pour les voir
» passer avec une avidité sans pareille.

» J'ai vu quarante-cinq magistrats du parlement de Paris,
» trente-trois du parlement de Toulouse, allant à la mort
» du même air qu'ils marchaient autrefois aux cérémonies
» publiques.

» J'ai vu trente fermiers généraux passer d'un pas
» calme et ferme : les *vingt-cinq premiers, négociants de*
» *Sédan, plaignant, en allant à la mort, dix mille ou-*
» *vriers qu'ils laissaient sans pain.....*

» J'ai vu tous ces généraux que la victoire venait de
» couvrir de lauriers qu'on changeait soudain en cyprès...
» Enfin, tous ces jeunes militaires si forts, si vigoureux...
» Ils marchaient silencieusement.....

» *Ils ne savaient que mourir !.....*

» RIOUFFE,
» Membre de la Constituante. »

Ils ne savaient que mourir !.....

Et nous, amis, si l'heure d'une lutte, que chacun re-
doute et que chacun prévoit, venait à sonner,

Est-ce que nous laisserions *la Peur* pénétrer dans nos
maisons ?

Est-ce que nous laisserions l'*Égoïsme* glacer les élans
généreux de nos cœurs ?

Est-ce que nous nous laisserions saisir, garrotter comme de vil bétail et traîner devant une *nouvelle Convention?*

Lâches, — trois fois lâches! est-ce que, nous aussi, *nous ne saurions que mourir?*

Non !

Si j'en crois le sang qui bout dans mes veines à cette pensée,

Nous saurions, le fusil à la main, donner la Force au Bon Droit.

Pourquoi donc cette apathie, pourquoi donc ces querelles intestines qui nous divisent et nous affaiblissent?

Aujourd'hui, en présence des dangers qui menacent le Pays, il n'y a plus, il ne peut plus y avoir qu'un seul parti : *celui de la France* !

Que tous les honnêtes gens s'y rallient franchement!

A la *ligue du mal*,

Opposons une *ligue du bien.*

Ils se comptent! ils s'organisent!

Comptons-nous ! organisons-nous!

Serrons nos rangs!

Donnons-nous la main ,

Et la victoire ne sera pas un instant douteuse.

Mais plus de retards ;— plus de ces affligeants spectacles d'hommes d'ordre fractionnés, groupés autour de quatre drapeaux qui se veulent à l'exclusion les uns des autres.

Nous ne serons forts qu'autant que nous serons unis !

Un peu d'abnégation ! un peu d'amour ! un peu de pitié pour cette pauvre France, pour cette pauvre mère si noble, si belle, si grande ; tant éprouvée, tant troublée, tant déchirée, depuis soixante ans, par nos luttes *frater-nelles* !.....

Un peu d'abnégation ! un peu d'amour ! un peu de pitié ! et quand nous aurons cicatrisé ses plaies, et quand nous lui aurons rendu le calme et la confiance qui lui sont si nécessaires,.....

Alors, — mais alors seulement, nous discuterons en paix, avec justice, sur la meilleure forme du gouvernement, sur celle-là qui pourra nous donner *bien-être, sta-bilité, sécurité.*

Jusque-là, *patience, union et courage* !

Et que celui-là qui, le premier, tirera l'épée périsse par l'épée !.....

XII.

Ils reviennent! Ils sont revenus!

Peuple, — je serais cruel à plaisir et je mériterais un blâme sévère si j'évoquais les ombres sanglantes *de la Terreur*, si je t'exposais le tableau des dures souffrances de nos pères, dans le seul but de t'émouvoir et de te torturer le cœur.

Loin de moi cette mauvaise pensée.

C'est l'âme brisée par le *passé*, inquiète pour *l'avenir*, que je viens, sentinelle volontaire, mais vigilante, te raconter les mille maux que l'*aveuglement* et l'*imprévoyance* ont fait fondre sur nos aïeux,

Et te dire, et te répéter :

Peuple, — tu sommeilles sur le bord d'un abîme !.....

Ces êtres sinistres qui ont guillotiné, mitraillé, fusillé, noyé tes pères, tes frères, tes femmes, tes enfants ;..... ces êtres sinistres, tu les crois anéantis !

Ils reviennent ! ils sont revenus plus menaçants que jamais !

Lève-toi !

Car le danger est proche, et ils ont fixé l'heure où recommencera l'ère hideuse des massacres.

Lève-toi !

Tu hésites !

Écoute et regarde !

Ne vois-tu pas ces nouveaux athlètes du crime déifier,

porter aux nues, prendre pour guides : qui, *Marat* ; qui ,
Robespierre ; qui, *Carrier* ; qui, *Lebon*, etc.....

N'entends-tu pas *Blanqui* vouer à la vengeance et à la
mort les citoyens *Ledru-Rollin, Lamartine, Louis Blanc,
Crémieux* et autres du *Provisoire,* comme réactionnaires
dangereux?..... Eux réactionnaires!.....

Qui a du fer a du pain! crie-t-il du fond de son cachot ;
et les assassins, réhabilités par cette logique irrésistible,
applaudissent avec fureur et attendent ce nouveau messie....

Ne viens-tu pas d'entendre le représentant *Marc Du-
fraisse*, du haut de la tribune nationale, glorifier l'assassinat de Louis XVI, le *Restaurateur de la liberté*, le *Père
du peuple*, le *meilleur des rois?*

N'entends-tu pas le citoyen *Emile de Girardin* , cet
avocat de toutes les causes, cet écrivain sans foi, qui pro-
tége, qui soutient, qui défend tour à tour , *et à son heure,*
tous les partis, bons ou mauvais, mais jamais le parti de la
France.

« *Je ne crois pas*, dit-il, *aux gouvernements de droit* !
» Je suis pour les gouvernements de Fait! » (1)

. . . .

Je ne crois pas aux *gouvernements de droit* !

C'est dire :

Je ne crois pas plus à la *Monarchie* qu'à la *République ;*
pas plus au *gouvernement du Peuple* qu'au *gouvernement
des Rois.*

(1) Voir la *Presse* du 21 mai 1851.

Je suis pour les *gouvernements de Fait* !

C'est dire :

J'aurais servi l'*anarchie* sortie victorieuse des journées de Juin ;

C'est dire :

J'aurais servi la *dictature* du général Cavaignac s'il avait su se maintenir au Pouvoir ;

C'est dire :

Je servirai l'*Empire* !

C'est dire :

Je servirai la *Royauté* !

C'est dire :

Arrivez, pillards, forçats, bandits, faussaires, assassins ; — accourez, vous tous, grands coupables pour qui la société est trop indulgente et qui avez juré haine à mort à la société ; — réunissez-vous ! formez-vous en bataillons serrés ! précipitez-vous, à l'improviste, sur le Pouvoir ! enlevez-le d'assaut ! proclamez une *nouvelle Convention* ! Envoyez des bourreaux et des commissaires dans toutes les villes pour y répéter le *bien de 95* ! — que la terreur soit à l'ordre du jour ! que les têtes tombent ! que les faubourgs brûlent ! que les monuments soient détruits ! — Qu'importe ! allez toujours ;..... ce n'est pas assez !... Vous êtes *Gouvernement de Fait*, et moi, entendez-vous, moi, Émile de Girardin, je serai votre champion.

Or donc, qu'on ne vienne plus nous dire que M. Émile de Girardin est un apostat ! — un apostat a une religion,

puisqu'il la renie ; — M. de Girardin , lui, n'en a pas :
c'est un athée po'itique.

Et le citoyen Félix Pyat?

Et les dixième et onzième bulletins du comité ténébreux
de Résistance?

Les proscriptions, les massacres, les incendies, le pillage, sont prêts à fondre sur toi, sur nous ; car, aujour-
d'hui, nous sommes tous Peuple.

Ils marcheront droit à leur but , sans s'inquiéter des
pleurs, des gémissements, du sang qu'ils répandront autour d'eux.

C'est ainsi qu'ont fait les farouches tribuns de la Convention.

C'est ainsi qu'a fait , plus récemment , Lacenaire , ce
grand praticien de la *souveraineté du but.*

« *Quand une pierre se trouve sur ma route* , disait-il à
» ses juges stupéfaits, *je la repousse du pied et je passe...* ;
» *quand un homme me barre le chemin , je le tue et je*
» *passe..... »*

Mais le sang appelle le sang !

Et *Robespierre*, et *Marat*, et *Carrier*, et *Lebon*, et *Lacenaire*, qui ont tant assassiné au nom de leurs détestables
et perfides théories, ont vu la justice divine les frapper au
moment où ils allaient jouir du fruit de leurs crimes.

Il en sera de même des modernes *humanitaires* qui ,
sous le lâche prétexte d'un tendre et profond amour du
Peuple, ne songent qu'à le faire massacrer pour se gorger
de ses dépouilles.

Les voilà, ces hommes malfaisants ! — Tu les connais maintenant.

Aujourd'hui, ils s'épuisent en vœux sanguinaires, mais stériles : ils sont courbés sous le sceptre de la loi.

1852 approche !

Donne-leur le Pouvoir,

Et 1793 verra continuer son œuvre de sang et de boue !

ROMULLE.

SECONDE PARTIE.

LE
CALENDRIER DES MARTYRS.

MOIS DE JANVIER.

1.

(11 nivôse.)

M. DE BIRON, Armand-Louis, général.

Exécuté comme convaincu d'avoir conspiré contre le salut de la république, *en laissant ses troupes dans l'inaction* pour favoriser les succès des brigands *de la Vendée*.

2.

(12 nivôse).

M. BALAY, Étienne, 60 ans, journalier, demeurant à Lyon.

Condamné à mort par la commission révolutionnaire de Lyon, comme étant *contre-révolutionnaire et chartreux*.

3.

(13 nivôse.)

M. Van Clempute, 34 ans, né à Paris, premier vicaire de Saint-Nicolas-des-Champs.

Convaincu de provoquer le rétablissement de la royauté à l'aide d'un petit paquet trouvé sur lui, qu'il prétendait contenir du sang du dernier tyran des Français.

4.

(14 nivôse.)

M. de Custines, Amant-Louis-Philippe-François, 25 ans, né et domicilié à Paris, ministre plénipotentiaire à Berlin, adjudant général.

Condamné à mort comme ayant des intelligences avec les ennemis de l'État, pour favoriser leur entrée sur le territoire français.

5.

(15 nivôse.)

M. de Luckner, né en Bavière, demeurant à Strasbourg, 72 ans, maréchal de France.

Condamné à mort comme convaincu *d'avoir conspiré avec Louis Capet pour favoriser l'entrée des étrangers sur le territoire français.*

6.

(16 nivôse.)

Mme de Falloux, veuve Marcombe, Marie-Jeanne-Françoise, domiciliée à Angers (Maine-et-Loire).

Condamnée à mort par la commission militaire d'Angers comme *contre-révolutionnaire.*

7.

(17 nivôse.)

M. Capiceschy de Bologne, Camille, 78 ans, né à Langres, capitaine de carabiniers, demeurant à Beauvoisins (Haute-Marne).

Condamné comme possédant chez lui une lettre **dans** laquelle il disait : « *Je prends bien part à tous nos désastres; mais com-* » *ment parer à la fureur de l'auguste sénat, après l'atrocité que* » *l'on fait à la noblesse ?* »

8.

(18 nivôse.)

Mme Laviolette, née Béthinger, Catherine, ouvrière, née à Bruxelles, demeurant à Versailles.

Condamnée à mort pour *avoir conspiré* contre la liberté et la sûreté du peuple français.

9.

(19 nivôse.)

Mme Feucher, née Leroi, Marie-Aimée, 50 ans, née à Paris, y demeurant, receveuse d'abonnements du journal la *Gazette de Paris*.

Condamnée à mort comme *complice d'une conspiration* tendante à troubler la tranquillité de la République.

10.

(20 nivôse.)

M. Girouard, Joseph, 36 ans, imprimeur du journal la *Gazette de Paris*.

Condamné à mort comme complice d'une conspiration tendante à troubler le repos et la tranquillité de la République.

11.

(21 nivôsc.)

M. MANOEL, Étienne, 58 ans, né à Lasalle (Gard), demeurant à Paris, colonel.

Condamné à mort pour *avoir favorisé les contre-révolutionnaires à Sainte-Lucie.*

12.

(22 nivôse.)

M. DECOURCHANT, Jean, 25 ans, né à Paris, y demeurant, adjudant constructeur de l'artillerie nationale.

Condamné à mort comme *complice de complots formés* par le dernier tyran des Français.

13.

(23 nivôse.)

M. DURAND, Jean-Jacques, 33 ans, né à Montpellier (Hérault), président de la Chambre des comptes, maire de Montpellier.

Condamné à mort comme *contre-révolutionnaire.*

14.

(24 nivôse.)

M. BOURG, Michel, 55 ans, couvreur en paille, né à Metzeraye (Moselle), y demeurant.

Condamné à mort comme *contre-révolutionnaire.*

15.

(25 nivôse.)

M. W.ETZEL, Pierre, 52 ans, ouvrier tisserand, né à Metzeraye, y demeurant.

Condamné à mort comme *contre-révolutionnaire*.

16.

(26 nivôse.)

M. THEILLARD, Jean-Pierre, 40 ans, né à Riom (Puy-de-Dôme), lieutenant de gendarmerie à Bordeaux (Gironde), y demeurant.

Condamné à mort comme complice d'une conjuration contre la liberté du peuple français.

17.

(27 nivôse.)

M. AZÉMA, Louis, 55 ans, commissaire, demeurant à Bordeaux.

Condamné à mort par la commission populaire de Bordeaux, pour avoir *traité de maratistes et d'anarchistes les républicains courageux*.

18.

(28 nivôse.)

M. VISSEC, baron DE LATUDE, Jean, 60 ans, major de cavalerie, né à Verdun, demeurant à Mailly.

Convaincu de *manœuvres tendantes à favoriser* les progrès des ennemis sur le territoire français.

19.

(29 nivôse.

M. **Bonneil**, Jacques-Louis, 22 ans, troisième clerc de notaire.

Convaincu d'avoir tenu, dans une maison de Saint-Lô, *des propos* tendants à avilir la représentation nationale.

20.

(30 nivôse.)

M. **Lebrun**, Philippe-Antoine-Amédée, 44 ans, receveur des douanes, né à Dieppe, demeurant à Bordeaux.

Condamné à mort comme *aristocrate et fédéraliste.*

21.

(1ᵉʳ pluviôse.)

S. M. **Louis** XVI, roi de France.

Louis XVI, petit-fils et successeur de Louis XV, né en 1754, monta sur le trône en 1774.

Il signala les commencements de son règne par la suppression du droit onéreux de joyeux avénement;

Il rétablit les parlements;

Abolit la question;

Créa le mont-de-piété et la caisse d'escompte.

Il appela au ministère des hommes intègres, éclairés et justement populaires: Maurepas, Turgot, Malesherbes, Necker.

Il donna des secours aux Américains, et assura leur indépendance par le traité conclu à Versailles en 1783.

Il ouvrit sa cassette particulière à toutes les infortunes, et se montra constamment père bien plus que roi.

Les finances étaient dans un état déplorable

Louis convoqua deux assemblées de notables pour chercher un remède aux maux dont la France était menacée.

Ces deux assemblées se séparèrent impuissantes.

Le roi, persistant dans sa ferme volonté de réformer les abus, convoqua les états-généraux... Ce fut la source de tous ses malheurs...

Des dissentiments graves se manifestèrent, dès le principe, dans les trois ordres des Etats.

Ces dissentiments firent naître une fermentation générale; les agitateurs en profitèrent : le roi, la noblesse, le clergé, furent décriés, calomniés et voués à la colère aveugle du peuple.

Le 10 août 1792, le roi, après avoir été outragé jusque dans son palais, et avoir vu massacrer sous ses yeux ses plus fidèles serviteurs, fut contraint de se réfugier au sein de l'Assemblée législative... Au lieu de fidèles sujets, il trouva des révoltés ; au lieu de protecteurs, des maîtres insolents ; au lieu de justice, un cachot.

Puis, vint la Convention qui, pour couronner l'œuvre de la Législative, osa mettre le roi en jugement, sous l'inculpation de crimes imaginaires... On lui fit un simulacre de procès, et il fut condamné à mort à la majorité de *onze voix*.

Le roi fut exécuté sur la place de la Révolution ;

Il subit le dernier supplice avec un courage, une résignation héroïques.

Louis XVI eut toutes les vertus de l'homme privé ;

C'était un prince érudit, libéral, généreux, aimant son peuple à l'excès ; on ne put jamais lui reprocher que deux fautes : bonté et faiblesse ;

Il fut surnommé de son vivant le Restaurateur de la liberté, le meilleur des rois, le Père des Français...; plus tard, le Roi-Martyr ;

Il reçut les titres les plus louangeurs et les plus basses adulations de Robespierre, de Marat et autres de la Convention, qui ne pouvaient se refuser de rendre justice à ses mérites.

Et pourtant !...

22.

(2 pluviôse.)

M. Thibault, Jean-Charles, 49 ans, né à Presle (Seine et -Oise), fermier, demeurant à Marcel.

Condamné à mort pour avoir tenu ce propos : « *que la Conven-» tion avait bien mal fait de décréter la liberté, que ses mem-» bres n'étaient que des cochons, et que les princes seraient à « Paris avant quinze jours.* »

23.

(3 pluviôse.)

M. Lefèvre, Thomas-Louis, 45 ans, précepteur.

Condamné à mort comme *complice de correspondances avec les émigrés.*

24.

(4 pluviôse.)

M. Toulon-Rimbault, Victor-Melchior, avocat du roi, à l'Amirauté de Toulon.

Condamné à mort comme *complice de conjuration* tendante à allumer la guerre civile.

25.

(5 pluviôse.)

M. le comte de Migot, Laurent, colonel du 4ᵉ régiment de dragons, né à Brugneville (Vosges), demeurant à Mesnil-la-Tour (Meurthe).

Condamné à mort comme *complice d'intelligences* avec les ennemis de la France.

26.

(6 pluviôse.)

M. Quentin, Jacques-François, 44 ans, né à Ber (Sarthe), homme de loi à Saumur.

Condamné à mort pour propos tendants à l'*avilissement des autorités constituées*.

27.

(7 pluviôse.)

M. Behal, Jean-François, curé de Belenglise.

Condamné à mort par le tribunal de Bruxelles, comme *émigré*.

28.

(8 pluviôse).

M. Balque-Bertrand, 28 ans, médecin, né à St-Giron (Vienne), demeurant à Teste (Gironde).

Condamné à mort pour avoir *manifesté des sentiments contre-révolutionnaires*.

29.

(9 pluviôse.)

M. Marie, Louis-Henri-François, 63 ans, né à Chinon (Indre-et-Loire).

Condamné à mort pour avoir participé à des manœuvres tendantes à favoriser la révolte.

30.

(10 pluviôse.)

M. de Roitier, Jean-Baptiste-Emmanuel, gentilhomme du roi, 45 ans, né à Caen, y demeurant,

Condamné à mort pour avoir entretenu des correspondances avec les ennemis de la République, pour faciliter leur entrée en France.

31.

(11 pluviôse.)

Mme la marquise DE CHARRAS, née DE ROITIER-CHAVINE-RAIE, demeurant à Asnières.

Condamnée à mort pour avoir voulu faciliter aux ennemis l'entrée du territoire français.

MOIS DE FÉVRIER.

1.

(12 pluviôse.)

M. Igonnet, Charles-Louis, 40 ans, fripier.

Condamné à mort comme *complice d'une conspiration* attentatoire à la liberté et à la sûreté du peuple français.

2.

(13 pluviôse.)

M. Augier de Baulny, Étienne-Thomas, 46 ans.

Condamné à mort comme *complice d'une conspiration, en confiant son fils, âgé de 14 ans, à un garde du corps, son parent, pour le faire émigrer.*

3.

(14 pluviôse.)

M. Parent, Nicolas, avocat du tyran Capet, au siége présidial de Troyes, député, 37 ans, demeurant à Chaours.

Condamné à mort comme *complice de là conspiration du tyran* Capet contre la souveraineté des Français.

4.

(15 pluviôse.)

M. Augier, Claude, conseiller du roi, auditeur de la Chambre des comptes, homme de lettres.

Condamné à mort comme *contre-révolutionnaire.*

5.

(16 pluviôse.)

M. Montjourdin, Nicolas-Roland, 37 ans, né à la Rochelle, commandant du bataillon de St-Lazare.

Condamné à mort comme *complice d'une conspiration* tendante à armer les citoyens les uns contre les autres.

6.

(17 pluviôse.)

Mme la marquise de Marbœuf, née Michelle-Henriette-Françoise de Marbœuf, 55 ans, née à Nantes, demeurant faubourg St-Honoré, 47.

Condamnée à mort comme *complice d'une conspiration* contre la sûreté du peuple francais.

7.

(18 pluviôse.)

M. Petit, Philippe-Joseph, curé constitutionnel de Méniel, né à Capel (Nord), y demeurant.

Condamné à mort *comme convaincu de n'avoir prêté le serment civique que par hypocrisie, et de l'avoir désavoué dans ses correspondances.*

8.

(19 pluviôse.)

M. Raimond, Augustin, 40 ans, né à Toulouse, négociant, demeurant à Bordeaux.

Condamné à mort par la commission militaire de Bordeaux, *pour avoir donné sa signature pour l'ouverture des églises.*

9.

(20 pluviôse.)

M. JOUHAN DE BEAULIEU, Jacques, gendarme, demeurant à Foutoy (Moselle).

Condamné à mort par le tribunal criminel de Foutoy comme *contre-révolutionnaire*.

10.

(21 pluviôse.)

M. LANGE, François, peintre et juge de paix à Lyon, né à Lyon.

Condamné à mort par le tribunal révolutionnaire de Lyon, comme *fédéraliste*.

11.

(22 pluviôse.)

Mme la baronne DE LEXURE-WAXENCE, née Anne-Henriette BOUCHERIN, 47 ans, née à Paris, demeurant à Versailles.

Condamnée à mort par le tribunal révolutionnaire de Paris, *pour avoir entretenu correspondance avec des émigrés.*

12.

(23 pluviôse.)

M. JOURNEAUD, Jean, ouvrier chapelier, 34 ans, né et domicilié à Lyon.

Condamné à mort par la commission révolutionnaire de Lyon, comme *contre-révolutionnaire*.

13.

(24 pluviôse.)

M. METRA, Joseph, marchand de clous, 50 ans, né à Lyon.

Condamné à mort par la commission révolutionnaire de Lyon, comme *contre-révolutionnaire*.

14.

(25 pluviôse.)

M. AUBERT, Pierre-Jean, 45 ans, né à Paris, curé, demeurant à Mervette.

Condamné à mort *pour correspondance provoquant à l'avilissement de l'Assemblée nationale*.

15.

(26 pluviôse.)

M. ATOIN, Jean-Baptiste-Antoine, greffier du tribunal du district, domicilié à Aix (Bouches-du-Rhône).

Condamné à mort par la commission révolutionnaire de Marseille, *sans motif avéré*.

16.

(27 pluviôse.)

M. PLANCHUT DE LA CASSAIGNE.

Condamné à mort comme convaincu d'avoir, au café de Foy, *tenu des propos royalistes;* il était fils du dernier capitoul de Toulouse, et âgé de 35 ans.

17.

(28 pluviôse.)

M. DE LA LANDUAIRE, Antoine-Auguste, 45 ans, né à Rochefort, général de brigade.

Condamné à mort pour avoir entretenu des intelligences avec les ennemis de la République.

18.

(29 pluviôse.)

Mme BAUGUISE, Jeanne, 63 ans, religieuse, née et domiciliée à Lyon.

Condamnée à mort pour *avoir caché des prêtres*.

19.

(30 pluviôse.)

M. DE LA FLÉCHÈRE, François-Marie, lieutenant-colonel des troupes sardes, demeurant à Annecy (Mont-Blanc).

Condamné à mort par le tribunal révolutionnaire du Mont-Blanc, comme *contre-révolutionnaire*.

20.

(1ᵉʳ ventôse.)

M. DEGRAIX, Claude, 36 ans, né à St-Paul (Loire), fabricant, demeurant à Lyon.

Condamné à mort par la commission militaire de Lyon, comme *contre-révolutionnaire*.

21.

(2 ventôse.)

M. DE LAFAIRE-DESPRÈS, François-Claude, prêtre, à Poitiers (Vienne).

Condamné à mort par le tribunal révolutionnaire de Poitiers, comme *réfractaire*.

22.

(3 ventôse).

M. MICHEL, Charles-Joseph, ex-chanoine, demeurant à Avignon (Vaucluse).

Condamné à mort par le tribunal criminel d'Avignon, comme *réfractaire*.

23.

(4 ventôse.)

M. LANSAC aîné, Jean-Raymond, aubergiste, demeurant à Mudat (Haute-Garonne).

Condamné à mort par le tribunal criminel de la Haute-Garonne, comme *émigré*.

M. MANGIN, Clément, 28 ans, né à Mézières (Haute-Marne), vivandier de l'armée de la Moselle, demeurant à Paris.

Condamné à mort par le tribunal révolutionnaire de Paris, *pour avoir fait des ventes et achats en numéraire*.

24.

(5 ventôse.)

M. ARTEL DE BEAUSIRE, prêtre, demeurant à Orcet (Puy-de-Dôme).

Condamné à mort par le tribunal révolutionnaire du Puy-de-Dôme, comme *réfractaire à la loi*.

25.

(6 ventôse.)

M. DE MARIVETZ, Étienne-Claude, écuyer du tyran Capet, 65 ans, né à Bourges.

Condamné à mort par le tribunal révolutionnaire de Paris, comme *ayant conspiré contre le peuple français*, en participant aux trames de Capet et de sa femme, pour dissoudre la représentation nationale.

26.

(7 ventôse.)

Mme BARBERON, Élisabeth, 42 ans,

Mme BARBERON, Marie-Jeanne, 47 ans, maîtresses de pension, à Orléans.

Condamnées par le tribunal révolutionnaire de Paris, pour *recel de prêtres*.

27.

(8 ventôse.)

M. Leviste de Briandas, Joseph, capitaine d'artillerie, 62 ans, né à Trevoux (Ain), demeurant à Lyon.

Condamné à mort par la commission révolutionnaire de Nantua, comme *contre-révolutionnaire.*

28.

(9 ventôse.)

Mme David, née Marie-Anne Marniet, 42 ans, revendeuse, née à Lyon (Rhône).

Condamnée à mort par la commission révolutionnaire de Lyon, comme *contre-révo'utionnaire.*

MOIS DE MARS.

1.

(10 ventôse.)

Mlle Delime, Louise, couturière, demeurant à Bliche (Deux-Sèvres).

Condamnée à mort par le tribunal criminel du département des Deux-Sèvres, comme contre-révolutionnaire.

2.

(11 ventôse.)

M. Dupré, Lambert, ex-noble, cultivateur, 62 ans, né et domicilié à Moncrabot (Lot-et-Garonne).

Condamné à mort par la commission militaire de Bordeaux, pour avoir reçu *des lettres de son fils, depuis son émigration, et pour avoir soustrait de l'argenterie armoriée à la vigilance des corps constitués.*

3.

(12 ventôse.)

M. Millanais, Charles-François, imprimeur, 49 ans, né et domicilié à Lyon.

Condamné à mort par la commission révolutionnaire de Lyon, comme *contre-révolutionnaire.*

4.

(13 ventôse.)

M. Levigneur, Thomas, libraire, 47 ans, né à Rougeville (Calvados), demeurant à Paris,

Condamné à mort par le tribunal révolutionnaire de Paris, pour avoir imprimé, en avril 1793, un ouvrage ayant pour titre : *Liste comparative des cinq appels nominaux, dans lesquels se trouve la relation des vingt-quatre heures d'angoisses qui ont précédé la mort de Louis XVI.*

5.

(14 ventôse.)

M. Deleon, François, maçon, rentier, demeurant à Cholet (Mayenne-et-Loire).

Condamné à mort par la commission militaire d'Angers, comme *conspirateur.*

6.

(15 ventôse.)

M. de Lapoupardière, François-Anne Delauzon, chanoine, demeurant à Poitiers (Vienne).

Condamné à mort par le tribunal de la Vienne, comme *réfractaire.*

7.

(16 ventôse.)

M. Delaine, Pierre, journaliste, demeurant à Chavagne (Marne).

Condamné à mort par le tribunal révolutionnaire de Paris, comme *contre-révolutionnaire.*

8.

(17 ventôse.)

M. Baucard, François-Xavier-Joseph, employé à la poste aux chevaux, demeurant à Pontarlier (Doubs).

Condamné à mort comme *complice d'émigré.*

9.

(18 ventôse.)

Mme DE LA ROCHEFOUCAULT, Anne-Alexandrine-Rosalie, veuve DESTAL, 60 ans, née et domiciliée à Paris.

Condamnée à mort par le tribunal révolutionnaire de Paris, comme *complice des manœuvres pratiquées depuis 1795, et tendantes à favoriser les projets hostiles des ennemis extérieurs.*

10.

(19 ventôse.)

M. DELACOUR, Edure-Antoine DE ZÉPHIRIN, ex-capucin, demeurant à Dole.

Condamné à mort par le tribunal criminel du Doubs, comme *émigré.*

11.

(20 ventôse.)

M. CASSER, Pierre, ex-notaire, ex-expert, demeurant à Montralvy (Cantal).

Condamné à mort par le tribunal criminel du Cantal, comme *contre-révolutionnaire.*

12.

(21 ventôse.)

M. MONIN, Antoine, 26 ans, né à Séciné (Isère), commis toilier, demeurant à Lyon.

Condamné à mort par le tribunal de Lyon, comme *contre-révolutionnaire.*

13.

(22 ventôse.)

M. MICOU, Antoine, marchand de bois, 46 ans, né à Vistieu (Isère), demeurant à Lyon.

Condamné à mort par la commission révolutionnaire de Lyon, comme *contre-révolutionnaire.*

14.

(23 ventôse.)

M. LOYS, le jeune, ex-gendarme du tyran-roi, 27 ans, né à Arles (Bouches-du-Rhône), demeurant à Aix.

Condamné par la commission révolutionnaire de Lyon, comme *émigré.*

15.

(24 ventôse.)

M. MATHERON, Louis, rentier, 47 ans, né à Barcelonnette (Basses-Alpes).

Condamné à mort par la commission révolutionnaire de Lyon, comme *contre-révolutionnaire.*

16.

(25 ventôse.)

Les quatre sœurs AUBRY, Pierrette, Louise, Jeanne, Marie, ouvrières, demeurant à Volay (Côte-d'Or).

Condamnées à mort comme *recéleuses de prêtres.*

17.

(26 ventôse).

M. MAUNIER, Jean-Baptiste, prêtre, demeurant à Saint-Remi (Bouches-du-Rhône).

Condamné à mort par le tribunal criminel dudit département, comme *contre-révolutionnaire,*

18.

(27 ventôse.)

M. MICAULT, Jean-Vivien, dit COURBERON, président au

parlement de Dijon (Côte-d'Or), demeurant à Auxerre (Yonne).

Condamné à mort par le tribunal criminel dudit département, comme *émigré*.

19.

(28 ventôse.)

M. MESSAIS, Vincent, ex-curé, demeurant à Saint-Néon-nais (Deux-Sèvres).

Condamné à mort par le tribunal de la Vienne, comme *réfractaire*.

20.

(29 ventôse.)

M. MÉRONNEU, Jean-Claude, cultivateur, demeurant à Saugues (Haute-Loire).

Condamné à mort par le tribunal criminel de la Haute-Loire, comme *contre-révolutionnaire*.

21.

(30 ventôse.)

M. BRIN, Pierre, ex-curé, demeurant à Cremsisse (Vienne).

Condamné à mort par le tribunal criminel de la Vienne, comme *réfractaire*.

22.

(1er germinal.)

M. MONTGAREL, François, cuisinier, demeurant à Mont-brison.

Condamné à mort par le tribunal criminel de Lyon, comme *contre-révolutionnaire*.

23.

(2 germinal.)

Mme MANESSY, Catherine, veuve POUSSON, 63 ans, couturière, demeurant à Lyon.

Condamnéc à mort par la commission révolutionnaire de Lyon,
comme *con 're-révolutionnaire.*

24.

(3 germinal.)

M. DE MAILLY, Augustin-Joseph, ex-noble, maréchal de
France, 89 ans, né à Vilaine (Sarthe), demeurant à Paris.

Condamné à mort par le tribunal révolutionnaire de Paris, comme
*conspirateur et comme ayant chez lui copie d'une lettre par lui
écrite à son fils, en novembre 1792.*

25.

(4 germinal.)

Mme GUETINEAU, née LATREILLE, Marie-Anne-Catherine,
34 ans, née à Montreilbellay, près Saumur, demeurant à
Paris.

Condamnée à mort par le tribunal révolutionnaire de Paris, comme
*complice de la conspiration d'Hébert, Vincent, Cousin et autres,
tendante à dissoudre la Convention nationale, à assassiner ses
membres et les patriotes, et à détruire le gouvernement républicain.*

26.

(5 germinal.)

Mme DOUDÉ, née MONIER, Claire, demeurant à Aubagne
(Bouches-du-Rhône).

Condamnée à mort par le tribunal criminel des Bouches-du-Rhône, comme *fédéraliste.*

27.

(6 germinal.)

M. DURAND, François, dit CANARY, tailleur d'habits, demeurant à Aucauville (Haute-Garonne).

Condamné à mort par le tribunal criminel révolutionnaire de la Haute-Garonne, comme *contre-révolutionnaire.*

28.

(7 germinal.)

M. DUREPAIRE, Jean-Timothée, ex-noble, chef de division de canonniers, demeurant à Ambeurre (Charente-Inférieure).

Condamné à mort par le tribunal criminel de la Charente-Inférieure, comme *conspirateur.*

29.

(8 germinal.)

M. DELOS, Pierre, demeurant à Camburat (Lot).

Condamné à mort par le tribunal criminel du Lot, comme *chef d'émigrés et contre-révolutionnaire.*

30.

(7 germinal.)

M. MEFFRE, Joseph-Antoine, bénédictin, 57 ans, né à Aubignan (Drôme).

Condamné à mort par le tribunal révolutionnaire de Paris, comme *contre-révolutionnaire, en montrant en secret des objets de superstition, des hochets de royauté, des brevets du pape, pour enflammer par le fanatisme royal et religieux des rassemblements dans lesquels on célébrait de prétendus mystères.*

31.

(10 germinal.)

M. **Charette de la Contrie**, François-Athanase, 33 ans, né à Bouffi (Loire-Inférieure), lieutenant de vaisseau, et depuis, chef des royalistes de la Vendée, lieutenant général des armées de Louis XVIII.

Condamné à mort par le conseil militaire de Nantes, pour avoir entretenu des *correspondances avec les ci-devant princes, les émigrés, les chouans et autres ennemis intérieurs et extérieurs de la République.*

MOIS D'AVRIL.

1.

(11 germinal.)

M. le comte DE BARBOTAN (Joseph-Claire), député à l'Assemblée constituante, demeurant à Bonnet.

Condamné à mort par le tribunal révolutionnaire de Paris, pour *avoir fait passer de l'argent à des émigrés.*

2.

(12 germinal.)

Mme LAVERGNE, née Victoire RÉGNIER, 26 ans, née à Angoulême, demeurant à Paris.

Condamnée à mort pour avoir crié *Vive le roi! dans une des salles qui précèdent celle où son mari venait d'être condamné à mort, et afin de terminer ses jours avec lui.*

3.

(13 germinal.)

M. MATTON, Nicolas, capitaine de gendarmerie à Roanne.

Condamné à mort par le tribunal révolutionnaire de Lyon, comme *contre-révolutionnaire.*

4.

(14 germinal.)

M. ALBERT, Maurice, 30 ans, né à Lyon, commis-négociant, demeurant à Bordeaux.

Condamné à mort pour avoir *acheté des louis à un prix excessif.*

5.

(15 germinal.)

M. IDALOT, Joseph, agriculteur, demeurant à Nîmes (Gard).

Condamné à mort par le tribunal criminel du Gard, comme *conspirateur*.

M. ISNARD, François, charcutier, demeurant à Marseille (Bouches-du-Rhône).

Condamné à mort par le tribunal criminel des Bouches-du-Rhône, comme *émigré*.

6.

(16 germinal.)

M. MASSÉ, Joseph, expert-vérificateur, demeurant à Roquevaire (Bouches-du-Rhône).

Condamné à mort par le tribunal criminel des Bouches-du-Rhône, comme *fédéraliste*.

7.

(17 germinal.)

M. DELBÈS, Pierre, prêtre, 54 ans, né à St-Geniès (Aveyron).

Condamné à mort par la commission militaire de Bordeaux, comme *réfractaire*.

8.

(18 germinal.)

M. LAVILLETTE, Charles-Léonard, administrateur de Montargis, 45 ans, né à Clamecy, demeurant à Montargis.

Condamné à mort par le tribunal révolutionnaire de Paris, comme complice de manœuvres pratiquées de la part du tyran-roi, et de ses suppôts, dans l'intervalle du 20 juin au 10 août 1792.

9.

(19 germinal.)

M. Monier, Antoine, gendarme, demeurant à Tarascon (Bouches-du-Rhône).

Condamné à mort par le tribunal criminel des Bouches-du-Rhône, comme *persécuteur des patriotes.*

10.

(20 germinal.)

M. Luttier, Nicolas, canonnier, ancien grenadier aux régiments du roi, né à St-Dizier, demeurant à Paris.

Condamné à mort par le tribunal révolutionnaire de Paris, comme contre-révolutionnaire, ayant dit : *qu'il avait une âme et qu'elle était pour son roi.*

11.

(21 germinal.)

M. Lavit, Jean-Joseph, apothicaire, demeurant à Marseille (Bouches-du-Rhône).

Condamné à mort par le tribunal criminel dudit département, comme *contre-révolutionnaire.*

12.

(22 germinal.)

M. Mollies, Joseph, ferblantier, demeurant à Marseille.

Condamné à mort par le tribunal criminel des Bouches-du-Rhône, comme *contre-révolutionnaire.*

13.

(23 germinal.)

Mlle Babin, Modeste, ouvrière en linge, demeurant à Poitiers.

Condamnée à mort par le tribunal criminel de Poitiers, pour *recel de prêtres.*

14.

(24 germinal).

Mme DE BOET LA MONTAGNE, née BOISRON, Marguerite, 44 ans, née à St-Scié (Charente-Inférieure).

Condamnée à mort par le tribunal criminel de la Charente, pour *avoir caché des émigrés.*

M. LAURENT, François, gendarme, demeurant à Aix (Bouches-du-Rhône).

Condamné à mort par le tribunal criminel des Bouches-du-Rhône, comme *persécuteur des patriotes.*

15.

(25 germinal.)

Mme LEDUR, Marie-Marguerite-Philippine, veuve THÉRY, sans profession, 72 ans, née à Arras.

Condamnée à mort par le tribunal révolutionnaire d'Arras, comme *complice d'une conspiration* contre la liberté et la sûreté du peuple français.

16.

(26 germinal.)

Mme DE ROYER, née Victoire LESCALE, 40 ans, née à Villot, demeurant à Neuville (Meuse).

Condamnée à mort par le. tribunal révolutionnaire de Paris, comme *aristocrate.*

17.

(27 germinal.

M. MÉDARD, Jacques, bordager, demeurant à Courcebœuf (Sarthe).

Condamné à mort par le tribunal criminel de la Sarthe, comme *contre-révolutionnaire*.

18.

(28 germinal.)

Mme LECLERC, Jeanne-Catherine, cuisinière, 50 ans, née et domiciliée à Paris, depuis quinze ans dans la même maison.

Condamnée à mort par le tribunal révolutionnaire de Paris, pour avoir dit, en allant au marché, *qu'elle aimerait mieux un roi, que cela n'irait pas bien sans cela.*

19.

(29 germinal.)

Mme M......, cuisinière, rue des Postes.

Cette fille fidèle, probe, honnête, a été condamnée à mort par le tribunal révolutionnaire de Paris, pour propos inciviques : *quelques paroles réprouvées par une loi de circonstance.* (PRUDHOMME.)

20.

(30 germinal.)

M. DE VAUJOUR, Anne-Hyacinthe, colonel du 3ᵉ régiment de dragons.

Condamné à mort par le tribunal révolutionnaire de Paris, pour *provocation à la royauté.*

21.

(1ᵉʳ floréal.)

M. BOCHARD DE SURON, Jean-Baptiste-Gaspard, 64 ans, né et domicilié à Paris, premier président du Parlement de Paris.

Condamné à mort par le tribunal révolutionnaire de Paris, comme *contre-révolutionnaire.*

22.

(2 floréal.)

M. MAY DES CHALLES, Pierre-Alexandre-François, demeurant à Montbrison.

Condamné à mort par le tribunal criminel de Lyon, comme *contre-révolutionnaire.*

23.

(3 floréal.)

M. DE LAMOIGNON-MALESHERBES , Chrétien-Guillaume, 72 ans, demeurant à Malesherbes (Loiret).

Condamné à mort par le tribunal révolutionnaire de Paris, comme complice d'une *conspiration qui a existé depuis 1789 contre la souveraineté du peuple.*

24.

(4 floréal.)

M. DE RECLESNE, François-Abraham, 61 ans, natif de l'Yonne (Allier).

Condamné à mort par le tribunal révolutionnaire de Paris, pour avoir dit avec mépris : *qu'on ne le dépouillerait pas de sa qualité de noble;* et : *Malgré vous et votre République, mon fils sera noble et maltais.*

25.

(5 floréal.)

M. MOLÉ DE CHAMPLATREUX, Édouard-François-Mathias, ex-noble, président au Parlement de Paris, 34 ans, né à Paris, et y demeurant.

Condamné à mort comme *complice d'une conspiration* contre la souveraineté du peuple, en protestant contre l'autorité légitime.

26.

(6 floréal.)

M. Marchal, Jean-Baptiste, demeurant à Verdun (Meuse).

Condamné à mort par le tribunal criminel de Verdun, comme *contre-révolutionnaire.*

27.

(7 floréal.)

Mme de Troussebois de Bellesuisse, née Baillard, Armande-Amédée-Victoire, demeurant à Paris.

Condamnée à mort par le tribunal révolutionnaire de Paris, comme *émigrée.*

28.

(8 floréal.)

Mme la vicomtesse de Ponteville de Rochechouart, née Boucher, Marie-Victoire, 49 ans, née et domiciliée à Paris.

Condamnée à mort par le tribunal révolutionnaire de Paris, comme *noble.*

29.

(9 floréal.)

M. le duc de Charost de Béthune, Louis-François, 23 ans, né et domicilié à Paris.

Condamné à mort par le tribunal révolutionnaire de Paris, pour avoir *fait passer de l'argent aux émigrés.*

30.

(10 floréal).

M. Pujet, volontaire au 2ᵉ bataillon de Lot-et-Garonne, domicilié à Revel (Haute-Garonne).

Condamné à mort comme *émigré à Bayonne.*

MOIS DE MAI.

1.

(11 floréal.)

Mme RIVIÈRE, née MONNIER, Anne, demeurant à Lapte (Haute-Loire).

Condamnée à mort par le tribunal criminel de Haute-Loire, comme *recéleuse de prêtres.*

2.

(12 floréal.)

M. DEJUGE, Louis, demeurant à Montpellier (Hérault).

Condamné à mort par le tribunal criminel de l'Hérault, comme *émigré.*

3.

(13 floréal.)

M. DELAYANT, Jacques, ex-bénédictin, demeurant à Verdun (Meuse).

Condamné à mort par le tribunal criminel de Verdun, comme *contre-révolutionnaire.*

4.

(14 floréal.)

M. DELIGNY, Claude-Louis, 59 ans, né à Boutigny (Seine-et-Marne).

Condamné à mort par le tribunal révolutionnaire de Paris, comme convaincu d'avoir *enfoui quantité de bijoux et d'assignats.*

5.

(15 floréal.)

M. Bieursait de Vierval, Guillaume, 76 ans, né à Rocher (Manche), lieutenant-colonel de cavalerie, demeurant à Paris.

Condamné à mort comme *complice d'une conspiration* pour avilir la représentation nationale.

6.

(16 floréal.)

Mlle Loisellier, Claude-Françoise, ouvrière en modes, née et domiciliée à Paris.

Condamnée à mort par le tribunal révolutionnaire de Paris, pour avoir placardé un écrit portant ces mots : *Peuple, vous qui êtes unis, grand corps de citoyens, armez-vous donc de force et de courage pour sauver la vie à ces innocentes victimes que l'on fait périr tous les jours, et faites finir la guillotine.*

M. Lavoisier, Antoine-Laurent, ex-fermier général, âgé de 50 ans, né et domicilié à Paris, membre de la ci-devant Académie des sciences, régisseur des poudres et salpêtres.

Condamné à mort par le tribunal révolutionnaire de Paris, comme complice de la conspiration des fermiers généraux contre le peuple français *en mettant dans le tabac, de l'eau et des ingrédients nuisibles à la santé.*

7.

(17 floréal.)

M. Dupujet, Henri, 54 ans, né à Aix (Bouches-du-Rhône).

Condamné à mort par le tribunal révolutionnaire de Paris, comme *complice d'une conspiration, dans la maison des Carmes, où il était détenu.*

8.

(18 floréal.)

M. DUPUIS, Charles-Jean-Piérre, dit MARCÉ, 69 ans, conseiller de la grand'chambre, au Parlement de Paris.

Condamné à mort par le tribunal révolutionnaire de Paris, comme *complice d'un complot* qui a existé depuis 1789 jusqu'à ce jour, contre la liberté du peuple, en protestant par des arrêtés contraires à la liberté.

9.

(19 floréal.)

M. PREVOT D'ARLINCOURT, Louis-Adrien, ex-fermier général, 50 ans, né à Évreux (Eure-et-Loir), domicilié à Paris.

Condamné à mort comme *complice d'un complot* contre la santé du peuple français, en mêlant de l'*eau au tabac.*

10.

(20 floréal.)

Mme la marquise DE CRUSSOL, née BERTIN, Claire-Louise-Angélique, demeurant à Paris.

Condamnée à mort par le tribunal révolutionnaire de Paris, comme *aristocrate.*

11.

(21 floréal.)

MADAME ÉLISABETH.

Sœur de Louis XVI, née en 1764.

Partagée entre son amour pour Dieu, pour les pauvres et pour son frère, cette noble princesse ne connut que la piété, la charité, le dévouement et l'abnégation.

Sa vie fut celle d'une sainte.

Ses plus belles années s'écoulèrent au sein des indigents qu'elle comblait de ses bienfaits. Sa cassette suffisait à peine pour secourir les nombreuses infortunes qui lui étaient recommandées, ou qu'elle découvrait au moyen d'agents charitables, attachés à sa maison.

Ses dons s'adressaient à toutes les villes, à tous les villages, à toutes les religions, à toutes les opinions de la France ; personne n'était excepté de sa royale munificence. Tous les malheureux étaient ses enfants.

Plus tard, quand la tourmente révolutionnaire devint menaçante, elle s'attacha plus particulièrement à la personne de son infortuné frère, qu'elle ne voulut jamais quitter. Elle partagea les angoisses, les outrages, les malheurs, la prison du roi.

Mais un si beau modèle, un si sublime exemple, ne pouvait échapper à la vigilance des rouges, qui ne savaient protéger et récompenser que le crime.

Madame fut condamnée à mort par le tribunal révolutionnaire.

Et l'échafaud rendit à Dieu cette âme d'élite, égarée au milieu d'une société de maudits.

12.

(22 floréal.)

Mlle Aubert, Anne-Catherine, 39 ans, religieuse des Filles-St-Thomas-d'Acquin, née et domiciliée à Paris.

Condamnée à mort par le tribunal révolutionnaire de Paris, comme convaincue de *complot pour fanatiser le peuple.*

13.

(23 floréal.)

M. Lastré, Hugues, ex-comte, 74 ans, né à St-Martin (Cantal), demeurant à Lescure.

Condamné à mort comme *conspirateur.*

14.

(24 floréal.)

M. LAUVRAY, Jean-Raimond, ex-sous-diacre, demeurant à Herny (Moselle).

Condamné à mort comme *émigré*.

15.

(25 floréal.)

M. PRÉVOST D'ARLINCOURT, Charles-Adrien, 67 ans, né à Doubs (Somme), demeurant au Mont-Valérien.

Condamné à mort comme *complice d'un complot* contre la santé du peuple, en mêlant de l'*eau au tabac*.

16.

(26 floréal.)

M. MEYNIER, Étienne, ex-noble, âgé de 65 ans, président du Gard, à Nîmes, y demeurant.

Condamné à mort par le tribunal révolutionnaire de Paris, comme *contre-révolutionnaire*.

17.

(27 floréal.)

Mme BATAILLE, Marie-Claude-Françoise DOUET, dite FRANCEST, âgée de 60 ans, née à Strasbourg, demeurant à Paris.

Condamnée par le tribunal criminel du département de la Seine, comme convaincue d'avoir entretenu des intelligences avec les ennemis de l'État, et cherché à ébranler la fidélité des citoyens.

18.

(28 floréal.)

M. Millange, Louis, quartier-maître, trésorier du 1er corps de hussards, 45 ans, né à Valvoques.

Condamné à mort par le tribunal révolutionnaire de Paris, comme *conspirateur*.

19.

(29 floréal.)

Mme Delaire, veuve Chassonnière, Geneviève, couturière, demeurant à Augnolles (Puy-de-Dôme).

Condamnée à mort par le tribunal criminel dudit département, comme *contre-révolutionnaire*.

20.

(30 floréal.)

M. Durand, Jean-François, âgé de 24 ans, gendarme à pied de la 2me division de l'armée du Nord.

Condamné à mort par le tribunal révolutionnaire de Paris, comme *contre-révolutionnaire*.

21.

(1er prairial.)

M. Milou, dit Belair, Pierre, garde des bois, 80 ans.

Condamné à mort par le tribunal révolutionnaire de Cambrai, comme ayant porté sous son habit *des boutons aux armes du ci-devant roi*.

22.

(2 prairial.)

M. Monié, Sébastien, prêtre, demeurant à Mourmoio (Vaucluse).

Condamné à mort par le tribunal criminel dudit département, comme *réfractaire*.

23.

(3 prairial.)

Mme Baujac, née Audier, Marguerite, domiciliée à Solignac (Haute-Loire).

Condamnée à mort pour *recel de prêtres*.

24.

(4 prairial.)

M. Michel, dit Ethenot, Pierre, tailleur, sergent au ci-devant régiment d'Austrasie, demeurant à Toul (Meurthe).

Condamné à mort par la commission militaire de Bruxelles, comme *émigré*.

25.

(5 prairial.)

M. Milcent, Claude-Louis-Michel, créole, âgé de 54 ans, né à St-Domingue.

Condamné à mort *pour avoir fait une fausse déposition*; *mais Robespierre avait juré sa perte.*

26.

(6 prairial.)

M. Prudhomme, Pierre, marchand de poisson, 48 ans, domicilié à Paris.

Condamné à mort pour avoir crié: *Vive le roi! vive la reine! vive sa famille!*

27.

(7 prairial.)

Mme MATHIEU, femme VIGNERON, Catherine, rentière, âgée de 51 ans, née à Nancy.

Condamnée à mort *comme ayant entretenu des correspondances avec le nommé Vigneron, émigré.*

28.

(8 prairia.l)

M. BINET, Augustin, 27 ans, coupeur de velours, né et domicilié à Amiens.

Condamné à mort par le tribunal révolutionnaire de Paris, pour avoir crié : *Vive le roi ! vive la reine !*

29.

(9 prairial.)

M. ALLEMAND, Jean-Baptiste, demeurant à Bedouin (Vaucluse).

Condamné à mort par la commission populaire d'Orange, comme *prêtre insermenté.*

30.

(10 prairial.)

Mme MINET, Élisabeth, couturière, 46 ans, née à Lagrandville (Ardennes).

Condamnée à mort par le tribunal révolutionnaire de Paris, comme *conspiratrice, voyageant sans passeport.*

31.

(11 prairial.)

M. Lecoq, Pierre-Joseph, âgé de 60 ans, ex-curé, né à Querqueville (Manche).

Condamné à mort par le tribunal révolutionnaire de Paris, comme conspirateur, en disant : *que la Convention était composée de gredins, et que, avant peu, les émigrés entreraient dans Paris.*

MOIS DE JUIN.

1.

(12 prairial.)

Mme LAMORRE, Thérèse-Françoise, ex-noble, âgée de 62 ans, née et domiciliée à Bar-sur-Ornain (Meuse).

Condamnée à mort par le tribunal révolutionnaire de Paris, comme *conspiratrice*.

2.

(13 prairial).

M. AUGER, Jean, 23 ans, né à Paris, fourrier au 8ᵉ régiment de hussards, demeurant à Paris.

M. BELLET, Thomas-Auguste, 37 ans, né à Paris, audiencier de la Chambre des comptes.

Condamnés à mort par le tribunal révolutionnaire de Paris, pour *avoir caché du numéraire en terre*.

3.

(14 prairial.)

M. le marquis D'ASPREMONT-BOUGARD, Louis-Auguste-François, 68 ans, né à Auval (Seine-Inférieure), grand bailli de Gisors, demeurant à Saucourt (Eure).

Condamné à mort par le tribunal révolutionnaire de Paris, comme *noble*.

4.

(15 prairial.)

Mme MARTZ, Marie-Nicaise, demeurant à Strasbourg (Bas-Rhin).

Condamnée à mort par le tribunal criminel dudit département, pour *récel de prêtres.*

5.

(16 prairial.)

M. LEDUC-BIEVILLE fils, Antoine-Louis, ex-noble, lieutenant au régiment des Vosges, né à Paris, demeurant à Belleville.

Condamné à mort par le tribunal révolutionnaire de Paris, comme *conspirateur.*

6.

(17 prairial.)

Mme MARCHAIS, femme DE VIAL, Denise-Élisabeth, âgée de 52 ans, née à Paris, demeurant à Charenton.

Condamnée à mort par le tribunal révolutionnaire de Paris, comme *conspiratrice.*

7.

(18 prairial.)

Mme JACQUEMONT, veuve PADEL, Angélique, âgée de 49 ans, ouvrière en linge, née à Saint-Bris (Yonne), demeurant à Paris.

Condamnée à mort par le tribunal révolutionnaire de Paris, comme *conspiratrice.*

8.

(19 prairial.)

M. LECOINTRE, Pierre, volontaire, âgé de 18 ans, né et domicilié à Saint-Joint (Seine-Inférieure).

Condamné à mort par le tribunal révolutionnaire de Paris, comme ayant dit : *que l'armée du Nord avait demandé le rétablissement*

de la religion, et que l'on pourrait tirer à la tribune les mem-
tres de la société popu'aire, qu'il n'en serait rien.

9.

(20 prairial.)

M. MAYEUX, Nicolas-Vincent, 40 ans, quincaillier, demeurant à Paris.

Condamné à mort par le tribunal révolutionnaire de Paris, pour
avoir dit : *Nous serions bien plus heureux si, par la suite, nous
mangions des chiens et des chats* ; et pour avoir crié : *Vive Henri IV de l'année dernière* !

10.

(21 prairial.)

M. BEAUFILS, Pierre-Louis, juge de paix, né à l'Yonne-
la-Forêt (Eure), demeurant à la Ferté-les-Bois (Eure-et-
Loir).

Condamné à mort pour *avoir plaint la mort du roi.*

11.

(22 prairial.)

M. LARUE, Jean-Paul, âgé de 33 ans, ex-avoué, né à Pamiers (Ariége).

Condamné à mort comme *complice d'une conspiration* dans la
commune de Pamiers, tendante à se faire porter aux places par le
peuple.

12.

(23 prairial.)

Mme LEMAITRE, Anne, femme JEAN, ouvrière, demeurant à Guegou (Morbihan).

Condamnée à mort par le tribunal révolutionnaire dudit département, pour *récel de prêtres*.

13.

(24 prairial.)

M. ARROUCHER, Guillaume, de Lille (Maine), 38 ans, né et domicilié à Bordeaux.

Condamné à mort pour avoir, à la représentation de la pièce : *La vie est un songe*, crié : *Vive le roi !*

14.

(25 prairial.)

Mlle LANGLOIS, Marie-Jeanne, domestique, âgée de 22 ans, née à Faverolles, demeurant à Saint-Nom-de-Levy (Seine-et-Oise).

Condamnée à mort par le tribunal révolutionnaire de Paris, comme *fanatique*, et pour avoir dit : *que le jour de la Pentecôte, il y aurait de grands événements*.

15.

(26 prairial.)

M. BILLAUD, Claude-Antoine, 61 ans, chanoine de Sully (Loiret).

Condamné à mort pour *avoir recueilli le portrait du roi*.

M. DE LATRÉMOUILLE, Charles-Auguste, ex-prince, clerc tonsuré, âgé de 29 ans, né et domicilié à Paris.

Condamné à mort comme *conspirateur*.

16.

(27 prairial.)

M. ARROUCHER neveu, Louis, 38 ans, commis, demeurant à Bordeaux.

Condamné à mort par la commission de Bordeaux, comme *aristocrate*.

17.

(28 prairial.)

M. QUITRÉ, 30 ans, garçon tapissier, né à Pont-Audemer (Eure), demeurant à Paris.

Condamné à mort comme *complice d'un complot, à Bicêtre, pour poignarder les membres des Comités de salut public, de sûreté générale, de la Convention.*

18.

(29 prairial.)

M. VIROT DE SOMBREUIL, François-Charles, gouverneur des Invalides, 64 ans, né à Iscnheim (Haut-Rhin), demeurant à Paris.

M. VIROT DE SOMBREUIL, Stanislas, capitaine de hussards, 26 ans, à Lachoisies (Seine-et-Oise).

Condamnés à mort comme *complices d'une conspiration.*

19.

(30 prairial.)

M. LAVAL, Pierre, dit MONTMORENCY, ex-noble, âgé de 25 ans, né et domicilié à Paris.

Condamné à mort par le tribunal révolutionnaire de Paris, comme *complice d'une conspiration* de l'étranger, et de l'assassin de Collot d'Herbois. Il a été conduit à l'échafaud avec une chemise rouge.

20.

(1er messidor.)

M. LAURENÇOT, Antoine-Pierre, garde-forestier, âgé de 64 ans, né à Nevers-la-Charité (Haute-Saône), demeurant au Pont-de-Planches.

Condamné à mort par le tribunal révolutionnaire de Paris, comme *s'étant vanté d'avoir reçu des nouvelles d'un de ses fils, émigré*.

21.

(2 messidor.)

M. LANTENOIS, Alexandre, ex-garde-chasse, bourrelier-sellier, âgé de 44 ans, né à Villers-sur-Marne, demeurant à Champs (Seine-et-Marne).

Condamné à mort par le tribunal révolutionnaire de Paris, pour avoir crié d'un ton ironique : *Vive la nation, la chandelle vaudrait-elle 10 livres la livre !*

22.

(3 messidor.)

Mme LEBRETON, Marie-Jeanne, veuve CARMANT, âgée de 68 ans, ex-noble, née et domiciliée à Port-Malo (Ille-et-Vilaine).

Condamnée à mort par le tribunal révolutionnaire de Paris, comme *conspiratrice*.

23.

(4 messidor.)

M. MEYVIÈRE, Jean, ex-noble, capitaine d'infanterie, âgé de 24 ans, né à Vigeois (Corrèze).

Condamné à mort par le tribunal révolutionnaire de Paris, comme *contre-révolutionnaire.*

24.

(5 messidor.)

M. le comte de QUERHOENT, N.-X., maréchal-de-camp, né à Bois-Ruant (Morbihan), demeurant à Paris.

Condamné à mort comme *complice d'une conspiration aux Carmes, où il était détenu.*

25.

(6 messidor.)

Mlle LIÉNARD, Adélaïde, âgée de 17 ans, née à Pamot (Vendée), domestique, demeurant à Patlnau.

Condamnée à mort par le tribunal révolutionnaire de Paris, comme *contre-révolutionnaire.*

26.

(7 messidor.)

M. ALLEAUME, Martin, soldat volontaire au 7e bataillon de la Somme, né et domicilié à Rouen.

Condamné à mort par le tribunal révolutionnaire de Paris, pour avoir tenu des propos *contre-révolutionnaires.*

27.

(8 messidor).

M. LAPOINTE, Louis-Charles-Raimond, âgé de 26 ans, né à Nantes, homme de loi, demeurant à Romainville.

Condamné à mort comme *complice d'un complot dans la maison de Bicêtre, tendant à égorger les membres de la Convention, leur arracher le cœur, le faire rôtir et le manger.*

28.

(9 messidor.)

Mme la maréchale DE NOAILLES, née HARPAGON, 66 ans.

Mme la duchesse DE BIRON, née BOUFFLERS, Adélaïde, 43 ans, née et domiciliée à Paris.

Condamnées à mort comme **complices de Capet, en distribuant** *les sommes que ce tyran employait à soudoyer le peuple.*

29.

(10 messidor.)

M. LOYAC, Laurent, ex-conseiller au ci-devant parlement de Guyenne, âgé de 60 ans, né et domicilié à Bordeaux.

Condamné à mort par la commission militaire de Bordeaux, comme n'ayant pas remis, aux termes de la loi, ses titres féodaux, lesquels ont été trouvés enfouis chez lui, où il les gardait espérant la contre-révolution.

30.

(11 messidor.)

M. BAYLE, Jean-Clément, 46 ans, né à Port-Sainte-Marie, militaire, demeurant à la Réolle (Gironde).

Condamné à mort par le tribunal révolutionnaire de Bordeaux, comme **aristocrate, ayant deux fils gardes du roi, émigrés.**

MOIS DE JUILLET.

1.

(12 messidor.)

M. BAUDIN DE SAINT-LAURENT, Antoine, 70 ans, né et domicilié à Bordeaux.

Condamné à mort *pour avoir fait passer de l'argent à trois de ses enfants, émigrés.*

M. QUESNEL, Gabriel, 39 ans, cavalier au 5ᵉ régiment de l'armée des Alpes, domicilié à Vitré (Ille-et-Vilaine).

Condamné à mort comme contre-révolutionnaire, pour avoir baisé une pièce de monnaie, en disant : *Vive mon roi !*

2.

(13 messidor.)

M. ALLAIS, Pierre, 41 ans, cultivateur, né aux Losges (Calvados).

Condamné à mort par le tribunal révolutionnaire de Paris, comme *partisan du fédéralisme.*

3.

(14 messidor.)

M. LALANNE, Jean, âgé de 45 ans, né à la Rochelle (Charente-Inférieure), tailleur, demeurant à Paris.

Condamné à mort par le tribunal révolutionnaire de Paris, comme *agent de la conspiration ourdie par le tyran et sa famille,* contre la sûreté du peuple, et qui a éclaté dans la journée du 10 août 1792;

et de s'être flatté qu'à l'époque du 20 juin, Capet lui avait pris la main, et la portant sur son cœur, lui avait dit : Sentez, mon ami, s'il palpite.

Mme veuve DE SAUZAY, née BOLSEFFIERRE, 56 ans, née et domiciliée à Paris.

Condamnée à mort par le tribunal révolutionnaire de Paris, comme *contre-révolutionnaire.*

4.

(15 messidor.)

M. DE BOISGELIN, Gilles-Dominique, 40 ans, né à la Ville-Balain, maréchal de camp, demeurant au Havre.

Condamné à mort comme *ayant conspiré dans la prison du Luxembourg, où il était détenu.*

5.

(16 messidor.)

Mlle ALIX, Jeanne, cuisinière, 65 ans, née à Saint-Martin ;

Mme DE BEAURETOURS, religieuse, 66 ans, née à Saint-Astis (Dordogne).

Condamnées à mort par le tribunal révolutionnaire de Paris, pour *recel de prêtres.*

6.

(17 messidor.)

M. LAUNAY, Paul, volontaire au 4ᵉ bataillon de Seine-et-Oise, âgé de 18 ans, né et domicilié à Dourdan.

Condamné à mort pour *avoir crié dans sa prison : Vive le roi! vive la reine !*

14

7.

(18 messidor.)

Mlle ANNEQUIN, Julie, rentière, demeurant à Grenoble (Isère).

Condamnée à mort par le tribunal révolutionnaire du Var, *comme émigrée.*

8.

(19 messidor.)

M. le prince D'ALSACE, Charles-Alexandre-Marc-Marcellin, dit BOSSU D'HENNIN, capitaine des gardes d'Artois, demeurant à Paris.

Condamné à mort comme *aristocrate et contre-révolutionnaire.*

9.

(20 messidor.)

Mme LAUNAY, femme BURCKE, Marie-Félicité, âgée de 45 ans, née et domiciliée à Paris.

Condamnée à mort par le tribunal révolutionnaire de Paris, *pour avoir, au mépris des lois, conservé et recélé des armoiries et titres de noblesse.*

10.

(21 messidor.)

M. BARÉTANT, Jean, 47 ans, rentier, né et domicilié à Bordeaux.

Condamné à mort comme *complice d'émigré.*

11.

(22 messidor.)

Les trois sœurs BÉROU, Marie, Jeanne, Reine, ouvrières, demeurant à Dauneray (Mayenne-et-Loire).

Condamnées à mort comme *recéleuses de prêtres.*

12.

(23 messidor.)

M. DE LAGARGE, Louis-Ancelin, 51 ans, né à Benessart (Charente-Inférieure).

Condamné à mort par le tribunal révolutionnaire de Paris, *pour avoir applaudi aux crimes de Capet.*

13.

(24 messidor.)

M. MAURIAC dit CASSIAS, Henri, ex-noble, prêtre, âgé de 36 ans, né à Sainte-Sabine (Dordogne).

Condamné à mort par la commission militaire de Bordeaux, *comme réfractaire.*

14.

(25 messidor.)

M. D'ALVIMART DE SOUCHET, gouverneur des pages du roi, domicilié à Versailles.

Condamné à mort par le tribunal révolutionnaire de Paris, comme *aristocrate et conspirateur.*

15.

(26 messidor.)

M. MEQUENIN, dit DARTAISE, Aimé, né à Artaise (Ardennes), ex-noble, capitaine de cavalerie, demeurant à Versailles.

Condamné à mort par le tribunal révolutionnaire de Paris, comme *conspirateur, ayant retiré dans sa maison, à Villepreux, l'ex-curé réfractaire, et s'étant opposé au recrutement de l'armée du Nord.*

16.

(27 messidor.)

M. LASSALLE, Jean, demeurant à Benegue (Haute-Garonne).

Condamné à mort par le tribunal militaire, *comme émigré.*

17.

(28 messidor.)

M. AUDIGIER, 42 ans, né à Charsat (Charente), curé de Saint-Laurent.

Condamné à mort par le tribunal révolutionnaire de Paris, comme *ennemi du peuple.*

18.

(29 messidor.)

M. PRUNEYRE, caporal dans le 1er bataillon de la Haute-Loire, 44 ans, né à Brioude.

Condamné à mort pour avoir dit dans sa prison *qu'il s'en f...., que ça n'irait pas, et qu'il ne demandait pas mieux que de mourir pour son roi.*

19.

(30 messidor.)

Mme DURAND, Marguerite, ex-religieuse, âgée de 26 ans, née à Marmande (Lot-et-Garonne).

Condamnée à mort par la cour militaire de Bordeaux, pour *recel de prêtres*.

20.

(1ᵉʳ thermidor.)

M. MALHERBE, Louis-Charles, âgé de 20 ans, ci-devant noble et officier d'infanterie, demeurant à Paris.

Condamné à mort comme *émigré*.

21.

(2 thermidor.)

M. ANATOCHE D'AIX, 46 ans, né à Salins, demeurant à Besançon.

Condamné à mort comme *aristocrate, ennemi de la révolution*.

22.

(3 thermidor.)

M. ABBESSARD, Jean-Baptiste, avocat général, né et domicilié à Bordeaux.

Condamné à mort par la commission militaire de Bordeaux, *pour avoir donné asile à un représentant mis hors la loi*.

Mme LAUNAY, femme VOILÉ, Renée, âgée de 48 ans, née à Tiée (Sarthe), demeurant à Beaumont.

Condamnée à mort par le tribunal révolutionnaire de Paris, *pour avoir entretenu des correspondances avec les chouans, et notamment avec son mari*.

23.

(4 thermidor.)

M. LAROCHE-LAMBERT, 44 ans, ex-noble, né à Pougotas, demeurant à Paris.

14.

Condamné à mort comme *complice d'une conspiration* au Luxembourg, où il était détenu.

24.

(5 thermidor.)

M. DE BAUVOIS, 24 ans, né à Saint-Brieux, sous-lieutenant ;

M. DE BEAUHARNAIS, Alexandre, 34 ans, né à la Martinique, représentant et général, demeurant à la Ferté (Loir-et-Cher).

Condamnés à mort *comme complices d'avoir tenté d'ouvrir les Carmes pour anéantir la Convention.*

25.

(6 thermidor.)

M. le duc DE BEAUVILLIERS DE ST-AIGNAN, 27 ans, né à Paris, demeurant à St-Aignan.

Condamné à mort *comme complice de la conspiration de St-Lazare.*

26.

(7 thermidor.)

M. CHÉNIER, André, 31 ans, né à Constantinople.

Condamné à mort *comme complice d'une conspiration dans la maison de St-Lazare, où il était détenu.*

M. le marquis DE ROQUELAURE, né à Toulouse, 46 ans, demeurant à Paris.

Condamné à mort *comme noble.*

27.

(8 thermidor.)

M. DE LOIZEROLLES père, ex-lieutenant général au bail-
lage de l'Arsenal, 61 ans, né et domicilié à Paris.

Son fils avait été condamné comme complice de la conspiration de
St-Lazare; tous deux étaient détenus. *A l'appel du nom de Loizerolles, le père s'empressa de répondre ; et, par sa mort héroïque,
sauva la vie à son fils.*

28.

(9 thermidor.)

M. ROUCHER, 48 ans, né à Montpellier, homme de lettres,
demeurant à Paris.

Condamné à mort *comme complice de la conspiration de St-Lazare.*

29.

(10 thermidor.)

Mme MAHIDE, Marie , fileuse , demeurant à Ménil
(Mayenne).

Condamné à mort par la commission militaire de Château-Gon-
thier, *pour recel de brigands de la Vendée.*

30.

(11 thermidor.)

Mme CHARRETIER, née BAILLY, Marguerite, ouvrière, demeurant à Maubert-Fontaine (Ardennes).

Condamnée à mort *comme émigrée.*

31.

(12 thermidor).

Mme MANNEVILLE, veuve COLBERT-MAULEVRIER, âgée de 63 ans, née à Rouen (Seine-Inférieure), ex-noble, ex-marquise, demeurant à Paris.

Condamnée à mort par le tribunal révolutionnaire de Paris *comme ayant émigré plusieurs fois pour rejoindre son fils, aussi émigré, étant rentrée en France le 22 mai 1792.*

MOIS D'AOUT.

1.

(13 thermidor.)

Mme MAREY, domestique, âgée de 36 ans, née à Volte-champs.

Condamnée à mort par le tribunal révolutionnaire de Paris, *comme ayant recelé dans sa chambre des effets appartenant à des émigrés.*

2.

(14 thermidor.)

Mme MEURSIN, ex-comtesse, âgée de 21 ans, née à Versailles (Seine-et-Oise), demeurant à Paris.

Condamnée à mort par le tribunal révolutionnaire de Paris, *comme complice de la conspiration de St-Lazare.*

3.

(15 thermidor.)

M. MECÉRÈS, Jean-Baptiste, âgé de 42 ans, ci-devant chasseur des barrières, né à Paris, y demeurant.

Condamné à mort par le tribunal révolutionnaire de Paris, pour avoir dit *qu'on avait fait mourir le roi injustement.*

4.

(16 thermidor.)

M. MICHELET, âgé de 52 ans, né à Paris.

Condamné à mort par le tribunal révolutionnaire de Paris, *comme complice d'une conspiration dans la maison des Carmes, où il était détenu.*

5.

(17 thermidor.)

M. Montjeon, François, ex-noble, demeurant à Ste-Eulalie d'Ambarès (Gironde).

Condamné à mort par la commission militaire de Bordeaux, comme *contre-révolutionnaire.*

6.

(18 thermidor.)

M. de Montalembert, âgé de 62 ans, né à Limoges (Vienne), ex-capitaine du ci-devant régiment du tyran-roi, domicilié à Paris.

Condamné à mort par le tribunal révolutionnaire de Paris, comme *complice de la conspiration de St-Lazare.*

7.

(19 thermidor.)

M. de Brillon, âgé de 20 ans, ex-noble, demeurant à Paris

Condamné à mort par le tribunal révolutionnaire de Paris, comme *l'un des conspirateurs de St-Lazare.*

8.

(20 thermidor.)

Mme Briolle, Jeanne, ex-religieuse, âgée de 40 ans, née et domiciliée à Bordeaux.

Condamnée à mort par la commission militaire de Bordeaux, *pour*

*avoir entendu la messe de prêtres réfractaires, et n'avoir pas
voulu les déclarer.*

9.

(21 thermidor.)

M. DE CHARLEVAL, ex-noble et lieutenant de la garde du
tyran-roi, âgé de 45 ans, né à St-Pé (Haute-Garonne), demeurant à Paris.

Condamné à mort par le tribunal révolutionnaire de Paris, comme
complice de la conspiration de St-Lazare.

10.

(22 thermidor.)

M. DEFLERS, âge de 38 ans, demeurant à Paris, ex-noble, ex-général de l'armée des Pyrénées.

Condamné à mort par le tribunal révolutionnaire de Paris, comme
*complice d'une conspiration dans le prison du Luxembourg, où
il était détenu.*

11.

(23 thermidor.)

M. DEFOSSÉ, ex-noble, 57 ans, né à Parc (Aisne), ex-
constituant, demeurant à Compiègne (Oise).

Condamné à mort par le tribunal révolutionnaire de Paris, comme
complice de la conspiration du Luxembourg.

12.

(24 thermidor.)

M. DEIGNAC, Pierre, négociant, demeurant à Bordeaux
(Gironde).

Condamné à mort par la commission militaire de Bordeaux, comme
contre-révolutionnaire.

13.

(25 thermidor.)

M. Delerne Jean-Baptiste, âgé de 56 ans, né à Thionville (Moselle), ex-écuyer, demeurant à Paris.

Condamné à mort par le tribunal révolutionnaire de Paris, comme *complice de la conspiration des Carmes, où il était détenu.*

14.

(26 thermidor.)

M. Delherns, Jean, ex-curé, demeurant à Lausonne (Haute-Loire).

Condamné à mort par le tribunal criminel dudit département, comme *réfractaire.*

15.

(27 thermidor.)

M. Castagner Jean-Marie, demeurant à Pau (Basses-Pyrénées).

Condamné à mort par le tribunal révolutionnaire de Paris, comme *émigré.*

16.

(28 thermidor).

M. Delonne, 54 ans, né et domicilié à Paris, ex-religieux.

Condamné à mort par le tribunal révolutionnaire de Paris, comme *complice d'une conspiration dans la maison des Carmes, où il était détenu.*

17.

(29 thermidor.)

Mme BATTAREL, Catherine-Rosalie, couturière, demeurant à Port-la-Montagne.

Condamnée à mort comme *émigrée.*

18.

(30 thermidor.)

Mme DELORT, Catherine, ex-religieuse de la Visitation, demeurant à Neuvre (Dordogne).

Condamnée à mort par le tribunal criminel dudit département, pour *recel de prêtres réfractaires.*

19.

(1er fructidor.)

Mme FREDEL, veuve JOANNIS, Louise-Charlotte, demeurant à Saint-Malo-de-Filis (Ille-et-Vilaine).

Condamnée à mort par la commission révolutionnaire de Rennes, comme *complice* des brigands de la Vendée.

20.

(2 fructidor.)

M. MOLLET, Joseph, ex-curé de Castillet, demeurant à Montra (Vaucluse).

Condamné à mort par le tribunal criminel des Basses-Alpes, comme *réfractaire.*

21.

(3 fructidor.)

M. Morenas, François-Eusèbe, marchand de sel, âgé de 42 ans, né à Buy (Drôme), demeurant à Lyon.

Condamné à mort par la commission militaire de Lyon, comme *fédéraliste*.

22.

(4 fructidor.)

M. Pian fils, Pierre, laboureur, demeurant à Montigné (Mayenne).

Condamné à mort par la commission révolutionnaire de Laval, comme *recéleur* de brigands de la Vendée.

23.

(5 fructidor.)

Mme Dupré, femme Pian, Jeanne, couturière, demeurant à Montigné (Mayenne).

Condamnée à mort par la commission révolutionnaire de Laval, comme *recéleuse* de brigands de la Vendée.

24.

(6 fructidor.)

M. Gonard, Jean-Baptiste-Mitre, né à Aix (Bouches-du-Rhône), ex-religieux minime avant la révolution, enfin volontaire au 1er bataillon des Phocéens.

Condamné à mort par le tribunal révolutionnaire de Paris, comme *complice d'une conspiration* contre la liberté et la sûreté du peuple français.

25.

(7 fructidor.)

M. Ordelacée, cavalier au 20ᵉ régiment, domicilié à Vissan (Loir-et-Cher).

Condamné à mort par la commission militaire de Bruxelles, comme *émigré*.

26.

(8 fructidor.)

M. Paré, Bonaventure, volontaire dans la 7ᵉ compagnie du 5ᵉ bataillon du Mont-Blanc, domicilié à Montmélian.

Condamné à mort par le tribunal militaire du 2ᵉ arrondissement de l'armée des Pyrénées-Orientales, comme *émigré*.

27.

(9 fructidor.)

M. Mazer, Pierre, volontaire dans la 7ᵉ compagnie du 5ᵉ bataillon du Mont-Blanc, domicilié à Toulouse (Haute-Garonne).

Condamné à mort par le tribunal militaire des Pyrénées-Orientales, comme *émigré*.

28.

(10 fructidor.)

M. Pariat, médecin, demeurant à Feurs (Loire).

Condamné à mort par le tribunal révolutionnaire de Feurs, comme *fédéraliste*.

29.

(11 fructidor.)

Mme Pierre, Marguerite-Nicole, brocanteuse, âgée de 22 ans, née et domiciliée à Paris.

Condamnée à mort par le tribunal révolutionnaire de Paris, comme *ennemie du peuple*, ayant crié, en passant devant un corps-de-garde : *Voilà un corps-de-garde, je m'en moque* ; *vive le roi !*

30.

(12 fructidor.)

M. Riette, Jean, cordonnier, âgé de 28 ans, né et domicilié à Caussade (Lot).

Condamné à mort par le tribunal révolutionnaire de Paris, comme *ennemi du peuple*, ayant *crié* dans les rues de Caussade : *Nous n'avons plus de roi, il est mort* ; *à bas les cocardes tricolores* ! *il faut en prendre de noires.*

31.

(13 fructidor.)

M. Rivière, Pierre, jardinier, officier municipal à la Croix-Rousse, domicilié à Margnoles (Rhône).

Condamné à mort par la commission révolutionnaire de Lyon, comme *contre-révolutionnaire.*

MOIS DE SEPTEMBRE.

1.

(14 fructidor.)

M. TAJAT, Jean-Baptiste.

Condamné à mort par la commission révolutionnaire de Lyon , comme *contre-révolutionnaire.*

2.

(15 fructidor.)

M. PRACOMPTAT, âgé de 61 ans , né à Touy (Nièvre) , ex-noble.

Condamné à mort par le tribunal révolutionnaire de Paris, comme *ayant facilité l'émigration de son neveu.*

3.

(16 fructidor.)

M. ALLIER , Claude , curé de Chambonas , demeurant audit lieu (Ardèche).

Condamné à mort par le tribunal criminel de la Lozère , comme *conspirateur.*

4.

(17 fructidor.)

M. GRILLET, voiturier, demeurant à Flangebouche (Doubs).

Condamné à mort par le tribunal criminel dudit département , comme *contre-révolutionnaire.*

5.

(18 fructidor.)

M. EUDELINE, Jacques, domestique, âgé de 32 ans, demeurant à Rouen.

Condamné à mort par le tribunal révolutionnaire de Paris, *pour avoir arboré la cocarde blanche.*

6.

(19 fructidor.)

M. LABLONDE, Pierre, âgé de 22 ans, domestique, demeurant à Rouen.

Condamné à mort pour avoir crié : *Vive le roi!*

7.

(20 fructidor.)

M. GRILLET, Matthieu, cultivateur, demeurant à Flange-bouche (Doubs).

Condamné à mort par le tribunal criminel dudit département, comme *contre-révolutionnaire.*

8.

(21 fructidor.)

M. PIOCHE, Valentin, capitaine d'artillerie à Marseille, (Bouches-du-Rhône).

Condamné à mort par le tribunal criminel dudit département, comme *contre-révolutionnaire.*

9.

(22 fructidor.)

M. DE LAFERTÉ, Matthieu-François, imprimeur, demeurant à Marseille.

Condamné à mort par le tribunal criminel des Bouches-du-Rhône, comme *fédéraliste.*

10.

(23 fructidor.)

M. MENEGAUD, Toussaint, horloger, 41 ans , demeurant à Besançon.

Condamné à mort par le tribunal révolutionnaire de Paris , pour *correspondance avec des émigrés, et pour avoir émigré lui-même en 1791 et 1792.*

11.

(24 fructidor.)

M. BAIN , Jean-Charles, 40 ans, huissier, demeurant à Angers (Maine-et-Loire).

Condamné à mort pour *avoir arboré la cocarde blanche et logé un chef des rebelles.*

12.

(25 fructidor.)

M. CAZOTTE, Jacques, 74 ans, maire de Pierry (Marne), commissaire général de marine.

Condamné à mort, pour *écrits contre-révolutionnaires.*

13.

(26 fructidor.)

M. GODY, Jean-Théophile, domestique.

Condamné à mort comme *contre-révolutionnaire.*

14.

(27 fructidor.)

M. GODINEAU, René , dit FLAMBART, 53 ans, journalier, né et domicilié à Traversone.

Condamné à mort par le tribunal révolutionnaire de Paris, comme *convaincu d'avoir proposé d'arborer le drapeau blanc.*

15.

(28 fructidor.)

M. ABEL, Paul, caporal dans un bataillon de Paris, demeurant à Ponteau (Finistère).

Condamné à mort par le tribunal criminel de Seine-et-Oise, comme *contre-révolutionnaire.*

16,

(29 fructidor).

M. FAIVRE fils, Charles-François, demeurant aux Granges-de-Loray.

Condamné à mort par le tribunal criminel du Doubs, comme *contrerévolutionnaire.*

17.

(30 fructidor).

Mlle GALONNIER, Angélique, fille majeure, demeurant à Varise (Moselle).

Condamnée à mort par le tribunal criminel dudit département, comme *émigrée.*

18.

(1er jour complémentaire.)

M. GOUBET, Jean-Baptiste, commis-marchand, 32 ans, demeurant à Cambray (Nord).

Condamné à mort par le tribunal révolutionnaire de Paris, comme *convaincu d'avoir détourné des recrues destinées aux armées de la République,* ce qui tendait à favoriser les progrès des ennemis de la République.

19.

(2ᵉ jour complémentaire).

Mme PEYRAS, Jeanne, dite JUGEATS, ex-noble, demeurant à Aurillac (Cantal).

Condamnée à mort par le tribunal criminel dudit département, comme *contre-révolutionnaire*.

20.

(3ᵉ jour complémentaire.)

M. BLAT, Joseph, 45 ans, né à Caloy, curé de Siremily, y demeurant.

Condamné à mort par le tribunal révolutionnaire de Paris, pour *propos contre l'Assemblée*.

21.

(4ᵉ jour complémentaire.)

M. BÉLICART, Benoît, garçon d'écurie, demeurant à Vanrinard (Rhône).

Condamné à mort par le tribunal de la Loire, comme *émigré*.

22.

(5ᵉ jour complémentaire.)

M. NICOLAS, Jean-Baptiste-François, constructeur, juge du tribunal soi-disant populaire, demeurant à Marseille.

Condamné à mort par la commission révolutionnaire de Lyon, comme *contre-révolutionnaire*.

23.

(1ᵉʳ vendémiaire)

M. ETIENNE, Jean-Edme, fondeur, âgé de 26 ans, né et domicilié à Paris.

Condamné à mort par le tribunal révolutionnaire de Paris, comme *convaincu d'avoir prêté serment de fidélité à Louis XVIII, lorsqu'il fut pris par les brigands de la Vendée, et d'avoir, à son retour, tenu des propos contre-révolutionnaires.*

24.

(2 vendémiaire.)

M. Dupuis, Pierre, soldat au 21ᵉ régiment d'infanterie, domicilié à Vielleres (Eure).

Condamné à mort par la commission militaire d'Auxonne, comme *émigre.*

25.

(3 vendémiaire.)

M. Lebrun, Sébastien, sergent-major au 1ᵉʳ bataillon de la Creuze, domicilié à Chambon (Creuze).

Condamné à mort par le tribunal criminel de la Moselle, comme *émigré.*

26.

(4 vendémiaire.)

M. Leforestier, Pierre, âgé de 39 ans, né à Mesnilbure (Manche), ex-chapelain de l'Hôtel-Dieu, demeurant à Franciade (Seine).

Condamné à mort par le tribunal révolutionnaire de Paris, comme *convaincu de s'être rendu sur l'extrême frontière de la Suisse, dans le dessein d'émigrer et de se joindre aux ennemis de la République.*

27.

(5 vendémiaire.)

M. Gogue fils, Joseph-Gabriel, receveur des douanes, demeurant à Bordeaux (Gironde).

Condamné à mort par la commission militaire de Bois-le-Duc comme *émigré*.

28.

(6 vendémiaire.)

M. GORSAS, Antoine-Joseph, 40 ans, député à la Convention nationale.

Condamné à mort par le tribunal révolutionnaire de Paris, comme *s'étant soustrait au décret d'arrestation par suite des malheureuses journées de mai.*

29.

(7 vendémiaire.)

M. GRANDMAISON, François, soldat au régiment de ligne, domicilié à Mâcon (Saône-et-Loire).

Condamné à mort par la commission militaire établie à Valenciennes, comme *émigré*.

30.

(8 vendémiaire.)

M. AMALRIC, Jean-François, portefaix, demeurant à Marseille (Bouches-du-Rhône).

Condamné à mort par le tribunal criminel des Bouches-du-Rhône, comme *contre-révolutionnaire*.

NOTE.

Les 2, 3 et 4 : — massacres dans les prisons de Paris.

Une des premières victimes à *la Force* fut la noble, belle et vertueuse *princesse* DE LAMBALLE..... Sa tète fut tranchée et portée en triomphe au bout d'une pique par les égorgeurs patentés du gouvernement révolutionnaire.

MOIS D'OCTOBRE.

1.

(9 vendémiaire.)

M. GODEFROY, Étienne-Louis-Charles, dit Mingré, lieutenant de vaisseau, né à St-Jean-d'Aix, demeurant à Paris.

Condamné à mort par le tribunal révolutionnaire de Paris, comme *émigré*.

2.

(10 vendémiaire.)

M. GODEFROY, Hyacinthe-Armand-Constant-Honoré, dit Lessart, garde du dernier tyran-roi, né à St-Jean-de-Léard.

Condamné à mort comme *émigré*.

3.

(11 vendémiaire.)

M. ANDRÉ, domestique, demeurant à Givet (Ardennes).

Condamné à mort par la commission militaire de Bois-le-Duc, comme *émigré*.

4.

(12 vendémiaire.)

M. RAUX, Jacques, 64 ans, né à Dun-sur-Loir (Eure-et-Loir) y demeurant, chanoine.

Condamné à mort pour *marier chez lui, dresser des actes de mariage, dire la messe.*

5.

(13 vendémiaire.)

M. ALLEMAND, Pierre-Antoine, ex-curé de St-Étienne, à Marseille (Bouches-du-Rhône).

Condamné à mort par le tribunal criminel dudit département, comme *contre-révolutionnaire*.

6.

(14 vendémiaire.)

M. ALLARD fils, Louis, demeurant à Roubecq (Nord).

Condamné à mort par la commission militaire de Bois-le-Duc, comme *émigré*.

7.

(15 vendémiaire.)

M. ALDIN fils, Alexandre, demeurant à Marvejols (Lozère).

Condamné à mort par la commission militaire de Bois-le-Duc, comme *émigré*.

8.

(16 vendémiaire.)

M. CASTEL, Paul, dit CAMELOT, tisserand, demeurant à Labastide (Ariége).

Condamné à mort par le tribunal criminel dudit département, comme *contre-révolutionnaire*.

9.

(17 vendémiaire.)

M. DE VERDURE, Aubrée-Pierre, demeurant à Bény (Calvados).

Condamné à mort par la commission de Bruxelles, comme *émigré*

10.

(18 vendémiaire.)

M. FROMENT, Mitre-Roch, prêtre, demeurant à Auriole (Bouches-du-Rhône).

Condamné à mort par la commission militaire de Bois-le-Duc, comme *émigré*.

11.

(19 vendémiaire.)

M. FRAMOU, Louis, demeurant à Valence (Tarn).

Condamné à mort par la commission militaire de Bois-le-Duc, comme *émigré*.

12.

(20 vendémiaire.)

M. FOURLENIS, fils de Philippe-Antoine (Antoine-Pierre), demeurant à Turcoing (Nord).

Condamné à mort par la commission militaire de Bois-le-Duc, comme *émigré*.

13.

(21 vendémiaire.)

M. DELAUZIERRE fils, Martin, demeurant à Annebruc (Pas-de-Calais).

Condamné à mort par la commission militaire de Bois-le-Duc, comme *émigré*.

14.

(22 vendémiaire.)

M. MONIN, Tobie, demeurant à Jannerot (Doubs).

Condamné à mort, comme *contre-révolutionnaire*.

15.

(23 vendémiaire.)

M. Delage fils, Jacques-Laurent, demeurant à Labastide-de-Besseplace (Ariége).

Condamné à mort par la commission militaire de Bois-le-Duc, comme *émigré.*

16.

(24 vendémiaire.)

M. Defer fils, Clément, demeurant à Cadillac (Gironde).

Condamné à mort comme *émigré.*

17.

(25 vendémiaire.)

S. M. Marie-Antoinette d'Autriche, fille de l'impératrice Marie-Thérèse, née en 1755, épousa en 1770 Louis XVI, alors duc de Berri.

Cette princesse, jeune, belle, bienfaisante, spirituelle, était douée d'une perspicacité qui lui fit pressentir dès l'origine quels excès se cachaient sous le manteau des révolutionnaires : aussi usa-t-elle de toute son influence pour chercher à opposer une digue au flot démagogique que la faiblesse du roi et le libéralisme mal entendu de quelques grands seigneurs rendaient chaque jour plus menaçant pour la monarchie et la société.

Marie-Antoinette devint naturellement en butte aux attaques des rouges, qui profitèrent, avec leur perfidie habituelle, de sa rare beauté et de la légèreté naturelle à son âge, pour répandre sur sa conduite les imputations les plus infâmes et les plus calomnieuses.

Pleine d'énergie et d'amour, la reine ne voulut pas abandonner son époux au milieu des piéges et des périls que les révolutionnaires faisaient naître sous ses pas ; elle partagea les injures et les menaces qui furent prodiguées à l'infortuné monarque aux journées des 5 et 6 octobre, et, à toute heure de danger, le roi la trouva calme et résignée à ses côtés.

Cette noble souveraine, dont la cassette particulière était une vaste aumônerie, après s'être vue outrager de la manière la plus ignoble et a plus lâche dans sa triple pudeur de femme, d'épouse et de mère ; après avoir vu tomber la tête auguste de son royal époux, conquit enfin le martyre le 17 octobre 1793.

Elle fut traînée à l'échafaud sur la charrette des plus vils condamnés. Son calme et sa fermeté ne se démentirent pas un instant ; sa mort fut héroïque, comme le fut sa vie.

18.

(26 vendémiaire.)

M. Lorguée ou Lorgie, Jean-François, ex-noble, demeurant à Argentan (Orne).

Condamné à mort par la commission militaire de Bois-le-Duc, comme *émigré*.

19.

(27 vendémiaire.)

M. Degourville fils, Charles, demeurant à Caen (Calvados).

Condamné à mort par la commission militaire de Bois-le-Duc , comme *émigré*.

20.

(28 vendémiaire).

M. Castel fils, Joseph, ex-noble, demeurant à Castillon (Ariége).

Condamné à mort par la commission militaire de Bois-le-Duc, comme *émigré*.

21.

(29 vendémiaire.)

M. DE MONTAGU fils, Jean-Charles, ex-noble, demeurant à Londiner (Seine-Inférieure).

Condamné à mort par la commission militaire de Bois-le-Duc, comme *émigré*.

22.

(30 vendémiaire.)

M. BÉON, Jean, 21 ans, né à Mortemart, étudiant, demeurant à Paris.

Condamné à mort par le tribunal révolutionnaire de Paris, comme *émigré*.

23.

(1ᵉʳ brumaire.)

M. DE LAROCHE, Louis-Antoine, 44 ans, grand vicaire de l'évêque d'Agen, né à Fonteuil (Haute-Garonne).

Condamné à mort par le tribunal révolutionnaire dudit département, comme *convaincu d'intelligences avec les ennemis de la République*.

24.

(2 brumaire.)

M. MARIN, manouvrier, né à Champieux (Seine-et-Oise).

Condamné à mort par le tribunal révolutionnaire de Paris, comme *ayant tenu des propos* tendants à rétablir la royauté en France.

25.

(3 brumaire.)

M. LEROI, Nicolas, gendarme, 35 ans, né à Versailles, demeurant à Orléans.

16.

Condamné à mort par le tribunal révolutionnaire de Paris, *pour avoir*, le 19 mars dernier, *tenu des propos* tendants à faire méconnaître les autorités légitimes.

26.

(4 brumaire.)

M. DESCHAMPS, André, demeurant à Paris, faubourg St-Denis, ouvrier horloger.

Condamné à mort par le tribunal révolutionnaire de Paris, comme ayant tenu des propos *anti-républicains*.

27.

(5 brumaire.)

Mme DE GORGES, Olympe, femme de lettres, 38 ans, née à Montauban.

Condamnée à mort par le tribunal révolutionnaire de Paris, pour *écrits attentatoires* à la souveraineté du peuple.

28.

(6 brumaire.)

M. RIDEAU, René, maçon.

Condamné à mort par le tribunal révolutionnaire de Paris, comme convaincu d'intelligences avec les rebelles de la Vendée. Il demeure au pont de Cé.

Sont avec lui :

M. CLAJY, Jean, menuisier.
M. CREILLEAU, Julien, tonnelier.
M. TEYNIÈRE, Jean, sabottier.
M. HERRY, Thomas, bêcheur.

29.

(7 brumaire.)

M. Lepage, Jean, couvreur.

Condamné à mort par le tribunal révolutionnaire de Paris, pour *propos* tendants au rétablissement de la royauté en France.

30.

(8 brumaire.)

M. Goudier, Pierre, courtier de change.

Condamné à mort par le tribunal révolutionnaire de Paris, pour *avoir caché chez lui des pains, pour faire naître la disette au milieu de l'abondance.*

31.

(9 brumaire.)

M. de Laroque, Nicolas, subdélégué de Mortagne (Manche).

Condamné à mort comme *convaincu d'intelligences avec les ennemis de la République.*

MOIS DE NOVEMBRE.

1.

(10 brumaire.)

Les vingt et un députés de la Gironde :

M. Brissot, Jean-Pierre, 39 ans, né à Chartres, homme de lettres.

M. Vergniaud, Pierre-Victorin, 35 ans, né à Limoges, homme de loi.

M. Gensonné, Arnaud, 35 ans, né à Bordeaux, homme de loi.

M. Lause-Duperret, Claude-Romain, 46 ans, agriculteur.

M. Carra, Jean-Louis, 50 ans, natif de Pont-de-Vesles, homme de lettres, employé à la Bibliothèque nationale.

M. Gardien, Jean-François-Martin, 39 ans, procureur général, syndic de Châtellerault.

M. Dufriche-Valazé, Charles-Éléonore, 42 ans, natif d'Alençon, cultivateur-propriétaire.

M. Duprat, Jean, 33 ans, né à Avignon, négociant.

M. Brulart-Sillery, Charles-Alexis, né à Paris, 57 ans, vivant de ses revenus.

M. Fauchet, Claude, 49 ans, né à Erne (Nièvre), évêque du Calvados.

M. Ducos, Jean-François, 28 ans, né à Bordeaux, homme de lettress.

M. Boyer-Fonfrède, 27 ans, né à Bordeaux, cultivateur-propriétaire.

M. Lassource, Marc-David, 39 ans.

M. Lesterpe, Benoît, né à Beauvais, 43 ans, receveur de district.

M. de Chastel, Gaspard, 27 ans, né à Trabuçon, district de Thouars, cultivateur.

M. Mainvielle, Pierre, 28 ans, né à Avignon.

M. Lacaze, Jacques, 42 ans, négociant, né à Libourne.

M. Lehardy, Pierre, 35 ans, né à Dinan, médecin.

M. Boileau, Jacques, 41 ans, né à Avallon.

M. Antiboul, Charles-Louis, 40 ans, né à Saint-Tropez, homme de loi, procureur de la commune de Saint-Tropez, administrateur du département du Var, procureur général de ce département.

M. Vigée, Louis-Sébastien-François, 36 ans, né à Rozière, grenadier dans le 2e bataillon de Mayenne-et-Loire.

Condamnés à mort par le tribunal révolutionnaire de Paris, comme *auteurs et complices de conspirations contre la liberté et la sûreté du peuple français.*

2.

(11 brumaire.)

M. Roi, Jean-Nicolas, domestique, rue Neuve-des-Petits-Champs.

Condamné à mort comme *ayant proposé de rétablir la royauté en France.*

3.

(12 brumaire.)

M. Duchesne, Louis-Henri, homme de lettres, intendant de *Madame.*

Condamné à mort pour *écrits tendants au rétablissement de la royauté en France.*

4.

(13 brumaire.)

Madame veuve de Mermé, née de Charles-Marie, demeurant à la Flèche.

Condamnée à mort pour *avoir tenu des propos tendants à empêcher des citoyens français d'aller rejoindre l'armée républicaine.*

5.

(14 brumaire.)

M. Poirier, Bertrand, demeurant à Richelieu, né à Chinon.

Condamné à mort pour *sentiments contre-révolutionnaires*, et pour *correspondance avec les émigrés.*

6.

(15 brumaire.)

M. Dodet, Louis, domestique.

Condamné à mort pour *avoir fait passer de l'argent aux émigrés.*

7.

(16 brumaire.)

M. Arcelot, Bénigne, tailleur, 45 ans, né à Rennes.

Condamné à mort par le tribunal révolutionnaire de Paris, pour *propos fanatiques dans de mauvaises intentions.*

8.

(17 brumaire.)

M. DE NOMÉ.

Condamné à mort pour *avoir entretenu des intelligences avec les ennemis de la République pour faire livrer la ville de Balois.*

9.

(18 brumaire.)

M. GILBERT DE VOISINS, Pierre, président à mortier.

Condamné à mort pour *avoir enfreint la loi qui bannit à perpétuité les émigrés du territoire de France.*

10.

(19 brumaire.)

M. SAINT-PRIX, François, invalide, demeurant à Paris, rue Saint-Nicaise.

Condamné à mort pour *propos contre-révolutionnaires.*

11.

(20 brumaire.)

M. BAILLY, Jean-Sylvain, 58 ans, demeurant à Melun.

Condamné à mort comme *complice d'un complot pour troubler la tranquillité de l'État.*

12.

(21 brumaire.)

M. DUPARC, Pierre-Charles, inspecteur des Tuileries.

Condamné à mort pour *avoir conspiré avec Capet, le 10 août 1792.*

13.

(22 brumaire.)

M. Aubin, Louis, lieutenant au régiment d'Anjou, domicilié à Vannes.

Condamné à mort par la commission militaire de Bois-le-Duc, comme *émigré*.

14.

(23 brumaire.)

M. Lestrade, François, âgé de 43 ans, boulanger, demeurant à Bordeaux (Gironde).

Condamné à mort par la commission militaire de Bordeaux, comme *correspondant avec les prêtres émigrés*.

15.

(24 brumaire.)

M. Delestang, Jean-Baptiste, demeurant à Penery (Deux-Sèvres).

Condamné à mort par le tribunal criminel dudit département, comme *contre-révolutionnaire*.

16.

(25 brumaire.)

M. Mandavi, Jean-Augustin, commissaire du tyran près le tribunal de Périgueux.

Condamné à mort par le tribunal criminel de la Dordogne, comme *contre-révolutionnaire*.

17.

(26 brumaire.)

M. Duprat, Jean, 33 ans, négociant, né à Avignon (Bouches-du-Rhône).

Condamné à mort par le tribunal révolutionnaire de Paris, comme *conspirateur et auteur des malheureuses journées des 31 mai et 2 juin 1793.*

18.

(27 brumaire.)

M. Durand, François, dit de Tauzia, chef de brigade du 12e régiment de cavalerie, domicilié à Strasbourg (Bas-Rhin).

Condamné à mort par la commission militaire de Strasbourg, comme *contre-révolutionnaire.*

19.

(28 brumaire.)

Mme Fajon, Marie, femme Dubois, demeurant à Marseille (Bouches-du-Rhône).

Condamnée à mort par le tribunal criminel de Vaucluse, comme *contre-révolutionnaire.*

20.

(29 brumaire.)

M. Durand, Urbain, garçon menuisier, demeurant à Sargé (Loir-et-Cher).

Condamné à mort par le tribunal criminel dudit département, comme *contre-révolutionnaire.*

21.

(30 brumaire.)

M. ESMOING, ex-curé d'Egmontier, demeurant à Egmontier (Haute-Vienne).

Condamné à mort par le tribunal criminel dudit département, comme *émigré*.

22.

(1er frimaire.)

M. DE BOIS-GUYON, Gabriel-Nicolas-François, adjudant général, né à Châteaudun.

Condamné à mort comme *complice d'une conspiration contre la liberté et la sûreté du peuple français*.

23.

(2 frimaire.)

M. CAMPAGNAC, Isaac-François-Georges, 60 ans, né à Languesen, en Périgord, homme de loi, demeurant à Contras.

Condamné à mort par la commission militaire de Bordeaux, pour *correspondances avec des émigrés*.

24.

(3 frimaire.)

M. LAVERDY, Clément-Charles-François, 70 ans, né à Paris, y demeurant rue Guénégaud, contrôleur général des finances.

Condamné à mort comme *convaincu d'avoir fait pourrir du grain dans des étangs afin d'opérer une contre-révolution*.

25.

(4 frimaire.)

M. LAFARGUE, Jean, cultivateur, 34 ans, né à Bordeaux, demeurant à Libos.

Condamné à mort comme *aristocrate, membre d'un club monarchique*.

26.

(5 frimaire.)

M. COLLIER DE LA MARLIÈRE, Antoine-Nicolas, 47 ans, né à Crécy (Seine-et-Marne), général de division.

Condamné à mort comme *complice d'un complot* tendant à favoriser les progrès de l'ennemi sur le territoire de la République.

27.

(6 frimaire.)

M. BIROTEAU, Jean-Baptiste, membre de la Convention.

Condamné à mort comme *ayant conspiré contre la République*.

28.

(7 frimaire.)

M. GRANDEL, Benoît, 31 ans, né à Bourges, demeurant à Hazebrouck (Nord).

Condamné à mort par le tribunal révolutionnaire de Paris, comme convaincu d'*avoir écrit : Vive le roi! sur une feuille d'assignat de 15 sous*.

29.

(8 frimaire.)

M. GRANGER, Jean-Jacques, 40 ans, capitaine de vaisseau, natif d'Anacadi, demeurant à Brest.

Condamné à mort par le tribunal révolutionnaire de Paris, pour *avoir pris à son bord sept individus contre-révolutionnaires.*

30.

(9 frimaire.)

M. BARNAVE, Antoine-Pierre-Joseph-Marie, avocat et constituant.

Condamné à mort par le tribunal révolutionnaire de Paris, comme convaincu d'*avoir conspiré* contre la souveraineté du peuple français.

MOIS DE DÉCEMBRE.

1.

(10 frimaire.)

M. REBOURG, Jean-Antoine, 57 ans, né à Fontainebleau, écrivain public à Coulommiers.

Condamné à mort comme *complice de correspondances crimi-nelles tendantes à avilir la représentation nationale.*

2.

(11 frimaire.)

M. MAUDUIT, Sébastien, 49 ans, marchand de vin-traiteur, demeurant boulevart Poissonnière.

Condamné à mort comme convaincu d'avoir *tenu des propos* tendants à ébranler la fidélité des soldats.

3.

(12 frimaire.)

M. BRETON, Nicolas, 42 ans, tanneur, né à Langon, y demeurant.

Condamné à mort pour avoir pris *des mesures liberticides* dans la commission populaire de Bordeaux.

4.

(13 frimaire.)

M. DUFRESNE, Antoine-Pierre-Léon, 32 ans, officier de santé, né à Pecanville (Manche), demeurant à Paris, rue Gaillon.

Condamné à mort pour *correspondance* tendante à exciter la guerre civile.

5.

(14 frimaire.)

M. DE KERSAINT, Armand-Guy-Simon, 52 ans, né à Paris, officier de marine, député législatif, demeurant à Ville-d'Avray (Seine-et-Oise).

Condamné à mort comme *convaincu d'avoir avili la représentation nationale et d'avoir voulu rétablir la royauté.*

6.

(15 frimaire.)

M. CHATELIER, Armand, 37 ans, né à Angoulême, demeurant à Bordeaux, prêtre.

Condamné à mort pour avoir *refusé de prêter serment.*

7.

(16 frimaire.)

Mme CHARRY, née LUPÉ, Félicité-Charlotte, 27 ans, née à Versailles, demeurant à St-Aubin.

Condamnée à mort comme *convaincue d'avoir entretenu des correspondances avec les ennemis de la République.*

8.

(17 frimaire.)

M. LASSABOTHIE, Jean-Cyprien, 65 ans, raffineur, né à Moissac, demeurant à Bordeaux.

Condamné à mort comme *aristocrate.*

9.

(18 frimaire.)

M. Mignoni, Jean-Pierre, 44 ans, prêtre, né à Polène.

Condamné à mort pour *ne s'être pas soumis à la loi de la déportation.*

10.

(19 frimaire.)

M. de Clermont-Tonnerre, Charles-Gaspard, de Paris, commandant.

Fusillé à Lyon . . . . sans motif indiqué.

11.

(20 frimaire.)

M. de Chapuy-Maubon, Pierre, né à Montbrison, lieutenant-colonel de bombardiers.

Fusillé à Lyon . . . . . . sans motif indiqué.

12.

(21 frimaire.)

M. Mourre, Pierre-Joseph, 60 ans, curé de la Kanau, natif de Loudre, en Provence, demeurant à la Kanau.

Condamné à mort pour *recel d'émigrés* et pour *aristocratie.*

13.

(22 frimaire.)

Mme veuve Fernin, née d'Aigrepon, Geneviève, 55 ans.

Mme d'Aigrepon, Madeleine, sa sœur, née à Moulins (Allier).

Condamnées à mort pour *avoir fait passer de l'argent aux émigrés*.

14.

(23 frimaire.)

M. Duchatelet, Marie-Louis, 66 ans, né à Semur (Côte-d'Or), demeurant à Paris, rue de Grenelle, colonel des gardes-françaises.

Condamné à mort comme *convaincu d'avoir conspiré contre la République*.

15.

(24 frimaire.)

M. Porcher, Pierre-Jacques-Charles, 32 ans, né à Senonche (Eure-et-Loir).

Condamné à mort comme *émigré*.

16.

(25 frimaire.)

M. Serpaud, Jacques, 55 ans, intendant.

M. Husson, Jacques, 57 ans, trésorier.

M. Blouet, Joseph, concierge du duc de Montmorency.

Condamnés à mort pour correspondance avec *les émigrés* de Montmorency, en leur *faisant passer des secours*.

17.

(26 frimaire.)

Trente et un foudroyés à Commune affranchie (Lyon).

18.

(27 frimaire.)

M. REMY-LESURE, Nicolas, 50 ans, juge de paix, lieutenant général, constituant.

Condamné à mort pour avoir *conspiré contre la liberté du peuple
français.*

19.

(28 frimaire.)

M. PEYRE, Jean-Baptiste, 37 ans, né à Toulouse, curé de
Noisy-le-Grand (Seine-et-Oise).

Condamné à mort pour *propos contre-révolutionnaires.*

20.

(29 frimaire.)

M. FAYEL, Louis-Gilles-Camille, 45 ans, né à Dreux
(Eure-et-Loir), juge de paix à Paris, demeurant à Arcueil.

Condamné à mort pour *conspiration envers la République.*

21.

(30 frimaire.)

M. FRANÇOIS, Jean, 38 ans, ferblantier.

M. DURIEU, Pierre, 51 ans, tailleur.

M. MOULINES, André, 36 ans, cultivateur, demeurant à
Ste-Foy.

Condamnés à mort comme *contre-révolutionnaires.*

22.

(1er nivôse.)

M. D'HERVILLE, Julien, 67 ans, né au Château-du-Loir.

Mme POULAIN, Marianne, 48 ans, née à Paris.

Mme BERNARD, Marguerite, 42 ans, domestique, née à Choisy, près Orléans.

Condamnés à mort comme *auteurs d'un complot tendant à substituer la volonté sanguinaire du pape à celle du peuple.*

23.

(2 nivôse.)

M. GRANGENEUVE, député à la Convention.

Condamné à mort comme complice du complot de *fédéralisme.*

24.

(3 nivôse.)

Mme veuve GRAVAUD, née ADAM, Madeleine-Caroline-Gasparine, demeurant rue Ste-Croix, marchande de porcelaine.

Condamnée à mort pour correspondance *avec le brigand* appelé *roi de Prusse,* pour favoriser l'invasion du territoire français.

25.

(4 nivôse.)

M. BOURG, Michel, 55 ans, couvreur en paille.

M. VETZEL, Pierre, 52 ans, tisserand.

M. HOURTS, Bernard, 55 ans, couvreur en paille.

M. KARIZ, Michel, 48 ans, tisserand.

Condamnés à mort pour avoir *entretenu des correspondances* avec les ennemis de la République.

26.

(5 nivôse.)

M. Prevost-Lacroix, 42 ans, né en Amérique, demeurant à Rochefort, capitaine.

Condamné à mort comme convaincu d'*avoir foulé la cocarde tricolore et arboré la cocarde blanche.*

21.

(6 nivôse.)

M. Delaroque, Alexandre, 42 ans, et M. Delaroque, Hyacinthe-Victor, son frère, 32 ans, nés à Quimper-Corentin (Finistère), capitaines de vaisseau.

Condamnés à mort comme convaincus d'*avoir entretenu des correspondances* avec les ennemis de la République.

28.

(7 nivôse.)

M. Tondu, Pierre-Marie-Henri, dit Le Brun, 39 ans, né à Royou, homme de lettres, ministre des affaires étrangères, demeurant à Paris, rue d'Enfer.

Condamné à mort comme *ayant conspiré contre la liberté du peuple français.*

29.

(8 nivôse.)

M. Basseterre, Jean-Zacharie, secrétaire-greffier de la ville de Bordeaux, y demeurant.

Condamné à mort comme *aristocrate.*

30.

(9 nivôse.)

M. Dietriche, Frédéric, 45 ans, né à Strasbourg, maire de la ville, y demeurant.

Condamné à mort comme convaincu d'*avoir entretenu des correspondances* avec les ennemis de la République.

31.

(10 nivôse.)

M. Galoupeau, Pierre, 74 ans, cultivateur, né et domicilié à Langon.

Condamné à mort comme *aristocrate* (1).

Dépouillons dans cette liste de quatre cent quarante-neuf martyrs, où, sauf quelques personnages illustres qui ne pouvaient être oubliés, nous avons recueilli indifféremment et au hasard des noms appartenant au clergé, à la noblesse, à la bourgeoisie et au peuple,

Dépouillons le chiffre des citoyens de chaque ordre, et nous trouvons :

	VICTIMES.
Pour le clergé..	36
Pour la noblesse	82
Pour la bourgeoisie	114
A reporter	232

(1) Toutes ces condamnations sont *littéralement* extraites du *Dictionnaire des crimes de la Révolution*, par Prudhomme ; je les ai transcrites dans toute leur naïve pureté. (*Note de l'auteur.*)

Report.....	232
Pour le peuple..	105
Femmes.	78
Le roi.	1
La reine.	1
Madame.	1
Foudroyés (condition inconnue).....	31
Total.....	449

Et nunc intelligite !...

ROMULLE.

COMME QUOI JE SUIS DANS LE VRAI.

Post-Face.

Nous savons tous comment se fabriquent les révolutions :

Quand les ambitieux d'une opposition qui ne demande qu'à fondre au contact de quelque portefeuille voient le Pouvoir embarrassé, c'est l'heure : ils sèment la calomnie ; ils crient à la violation de la *Constitution* ou de la *Charte*; ils mentent au peuple, ils se mentent à eux-mêmes ; mais qu'importe ! — Les masses se remuent ! les pavés se soulèvent ! — et, en un tour de main, le gouvernement est renversé.

Alors, ils pêchent en eau trouble ; Jacques Bonhomme paie les *pots cassés* ; au lieu d'un maître, nous en avons cent...., et nous sommes libres !.....

Voilà l'histoire de toutes les révolutions.

Henri Leroy de Keraniou.

Croyez-vous donc que les révolutions se fassent en disant le mot pour lequel elles se font ? Non : on s'empare de toutes les circonstances qui peuvent émouvoir l'opinion publique, et, à l'aide d'un coup de main, on renverse le gouvernement.....

Ledru-Rollin.

La *liberté* est une prostituée qui ne vend ses faveurs que sur des matelas de cadavres.

MIRABEAU.

Il n'y a qu'un sot qui puisse croire à l'*égalité*.

COLLOT D'HERBOIS.

En vain les équarrisseurs de chair humaine diront que, dans leur fabrique de pourriture et de sang, ils tirent d'habiles ingrédients des carcasses industriellement pilées ; ces manufacturiers de cadavres auront beau broyer la mort, ils n'en feront jamais sortir un germe de liberté, un grain de vertu, une étincelle de génie.

CHATEAUBRIAND.

La Terreur n'a produit aucun bien. Ce régime abominable n'a point, comme on l'a dit, préparé le peuple à la liberté ; il l'a préparé à subir un joug quelconque ; il a courbé les têtes, mais en dégradant les esprits, en flétrissant les cœurs.....

BENJAMIN CONSTANT.

Le communisme ! il supprime pour subsister tant de mots, tant d'idées, tant de faits, que les sujets formés par ses soins n'auront plus besoin de penser, de parler, ni d'agir. Ce seront des huîtres attachées côte à côte, sans activité ni sentiment, sur le rocher... de la fraternité. — Quelle philosophie intelligente et progressive que le communisme !..... Loin de moi, communisme! votre présence m'est une puanteur, et votre vue me dégoûte......

P.-J. PROUDHON.

Passons vite sur les constitutions des fouriéristes et autres prostitués....., triste illusion d'un socialisme abject ! dernier rêve de la crapule en délire !......

P.-J. PROUDHON.

Quant aux faits et gestes du socialisme, je renonce à vous en entretenir; la tâche serait au-dessus de ma patience, et ce serait dévoiler trop de mystères, trop de turpitudes! Comme homme de réalisation et de progrès, je répudie de toutes mes forces le socialisme, vide d'idées, impuissant, immoral, propre seulement à faire des dupes et des escrocs! N'est-ce pas ainsi qu'il se montre depuis vingt ans, annonçant la science et ne résolvant aucune difficulté; promettant au monde le bonheur et la richesse, et lui-même ne subsistant que d'aumônes, et dévorant, sans rien produire, d'immenses capitaux !

Pour moi, je le déclare, en présence de cette propagande souterraine, en présence de ce sensualisme éhonté, de cette littérature fangeuse, de cette mendicité sans frein, de cette hébétude d'esprit et de cœur qui commence à gagner une partie des travailleurs, je suis pur des infamies socialistes.

P.-J. PROUDHON.

18.

Le socialisme, c'est une vieille et sanglante guenille mal retournée ; de la contrefaçon niaisement et pauvrement faite ; rien de plus, rien de moins.

ALEXIS TROUESSART.

Les prétendus amis du peuple l'exploitent plus que les autres encore ; — leurs plaintes niaises, fausses et hypocrites, sur la misère du peuple n'ont pour but et pour résultat que d'exciter ce lion endormi et de le lancer contre les hommes qui gênent leur ambition et leur avidité. — Puis, quand il leur aura rendu ce service, ils profiteront de ce qu'il aura été blessé pour le remuseler plus fort qu'il n'était.

Le peuple n'est qu'un prétexte et un moyen.

. . . .

Mais qu'ont donné jusqu'ici au peuple ses prétendus amis ?

Ils l'ont enivré de paroles bruyantes ;

Ils l'ont traîné sur les places publiques ;

Ils l'ont mené à la mort, à la prison,

En se tenant eux-mêmes à l'écart, prêts également à se saisir du butin si le peuple est vainqueur, et s'il est vaincu à le renier lâchement.

Voilà ce qu'ont fait les amis du peuple pour le peuple.

ALPHONSE KARR.

Ceux qui méritent à tout jamais le mépris et l'exécration de la France, ce sont ces habiles qui, pour parvenir au

pouvoir et se le partager, ont dit un jour au peuple : *Tu
es souverain !*

Honte , malheur à ceux - là ! — car ce sont eux qui
nous précipitent vers un avenir si effrayant, qu'on ose à
peine y jeter les yeux.

Malheur à ceux-là, bien fous ou bien méchants, qui, avec
quelques mots vides et retentissants, le *progrès*, les lu-
mières, la régénération, ont jeté en France, en Europe,
les germes d'une épouvantable anarchie !......

Eugène Sue.

Dans toute l'histoire, les hommes se sont presque toujours égorgés au nom de la fraternité ; ils se sont détrous-
sés au nom de la communauté, et se sont toujours subju-
gués au nom de la liberté. . . . .

Toute révolution, loin d'être l'œuvre de Dieu, n'est
qu'un mal produit par l'ignorance et l'orgueil des hommes.
Toute révolution, loin de favoriser le progrès, le tue, ou
du moins le recule pour quelque temps. Toute révolution,
enfin, est une perte de temps.

Alexandre Weill.

Il n'est pas bon de proclamer des principes, même les
plus justes, avant d'avoir longuement préparé le peuple à
en recevoir l'application.

Lafayette.

Vouloir appauvrir les riches pour enrichir les pauvres,
c'est tuer la poule pour avoir les œufs d'or. — Vouloir ex-

citer l'ouvrier contre le bourgeois, c'est enrôler des poussins pour abattre les coqs. — Tout ouvrier est de la graine de bourgeois.

ALEXANDRE WEILL.

Nous croyons à l'autorité aussi fermement que nous croyons au talent.

Comme le talent, l'autorité est d'essence divine...

Nul ne porte plus haut que nous *le respect de l'autorité.*

ÉMILE DE GIRARDIN.

Et on prétend que M. Émile de Girardin demande l'*abolition de l'autorité !*

A bon entendeur, salut !

ROMULLE.

TABLE DES MATIÈRES.

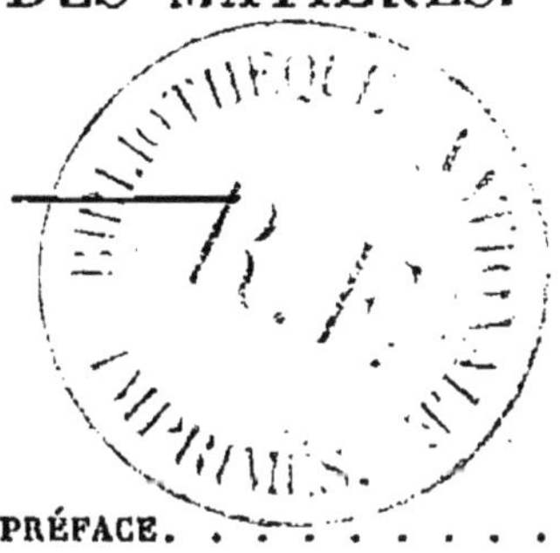

SECONDE PARTIE.

Le Calendrier des Martyrs.

PARIS. — IMPRIMERIE CENTRALE DE NAPOLÉON CHAIX ET Cᵉ, RUE BERGÈRE, 20